공부 망상

공부 망상

공부는 어떻게 우리의 믿음을 배신했는가

엄기호
하지현

nox

비겁해지지 않는 공부를 위해

기호

2024년 12월 3일 일어난 비상계엄 사태는 감추어져 있던 한국의 여러 가지 민낯을 드러낸 충격적인 사건이었다. 그중 하나가 한국 고위 관료 집단의 무책임과 무능, 그리고 비겁함이었다. 흔히 말하듯이 권한이 많은 곳에는 책임도 크게 따른다. 단적으로 '일인지하 만인지상(一人之下 萬人之上)'이라는 국무총리는 헌법 질서를 수호하는 막중한 책임을 부여받은 자리다. 그러나 공개된 CCTV 영상을 본 온 국민은 주어진 책임 앞에서 무기력하고 비겁하기만 한 국무총리의 모습에 깊게 탄식했다.* 이 책의 한 장(章)에서 다루는 것처럼, 그 모습은 모든 것을 최고 책임자에게 미루고 자신은 명령을 수행하기만 했다며 자신의 '무사유'를 부끄럼 없이 고백하는 '아이히만'이었다. 국무총리뿐만 아니라 국무회의에 참석한

* 2025년 10월 13일, 12·3 비상계엄 선포 당일의 대통령실 CCTV 영상 일부가 공개되었다. 국무회의 장면이 담긴 그 영상에는 한덕수 전 총리가 윤 전 대통령의 지시 사항이 담긴 것으로 추정되는 문건을 꺼내 읽고, 윤 전 대통령이 계엄의 당위성을 설명하자 고개를 끄덕이는 모습이 담겨 있었다. 영상에 등장하는 국무위원 가운데 윤석열의 계엄 선포를 적극적으로 제지한 이는 아무도 없었다.

장관들이 다 그랬다.

이 아이히만을 보면서 한국의 공부를 다시 생각하게 되었다. 공부가 어떤 사람을 만들어내는가? 정부의 최고 고위직까지 오른 저 사람들은 누가 뭐라고 하더라도 한국의 엘리트들이다. 똑똑했을 것이고, 공부를 잘했을 것이고, 시험에 붙으며 자신의 능력을 입증했을 것이고, 그 능력으로 얻은 자신의 자리가 어떤 위치인지 잘 알고 있었을 것이다. 자신의 판단과 결정에 따라 국가의 운명이 좌우된다는 것도 모르지 않았을 것이다. 그 판단의 순간이 오면 어떤 용기와 결단을 내려야 하는지도 알았을 것이다.

그러나 그들은 몰랐다. 그런 판단의 순간이 올 수 있다는 것을 한 번도 생각해보지 못한 사람들이었다. 그러니 당황하고, 무기력하고, 비겁했다. 그저 시키는 대로 움직이려고 했다. 그 모습을 보면서 시민들은 확실하게 깨달았다. 주어진 일을 매우 효율적으로 수행하는 저 '유능한' 자들이 결정적인 순간에 자신의 역할을 파악하고 행동하는 데는 매우 '무능한' 존재라는 것을. 결코, 저런 사람들에게 국가의 운명을 맡길 수는 없다는 것을 말이다.

공부가 어떻게 이렇게 '유능한 무능력자'를 양산하는지 알아보기 위해서는 좁게는 한국의 엘리트 선출과 양성 과정을, 넓게는 엘리트뿐만 아니라 공부가 시민에게 어떤 주체성을 형성하는지 돌아봐야 한다. 우리 생활 곳곳의 조직에서도 비슷한 일이 많이 일어나고 있기 때문이다. 학교와 회사, 그리고 여러 공동체에서 막대한 권한을 누리던 자들이 아무런 판단도 하지 않고 모든 결정을 비겁하고 무능하게 '위'로 미루면서 동시에 수행과 그 책임은 '아래'로 떠넘긴다는 것을 말이다.

사실 한국의 공부 과정은 사람을 끊임없이 유치하게 만드는 경향이 이미 있었다. 인간이 가진 여러 재능 사이의 밸런스가 깨지고 과도하게 공부만 의미화하는 사회에서 공부를 잘하는 것은 사람을 유치하게 만든다. 자기가 잘났다고 생각하고 우쭐거리게 만들기 때문이다. 공부를 할수록 모른다는 것을 발견하고 확실하게 아는 것이 아니면 말할 수 없다는 것을 알며 겸손하고 현명해지는 것이 아니라 '자뻑'에 빠져 성숙하지 못하게 한다.

그러다 비상계엄 사태에서 고위 관료들이 보인 민낯은 그 공부가—모든 것이 공부의 문제는 아니지만—사람을 비겁하게도 만든다는 점을 드러냈다. 공부에는 이것이 내가 감당할 수 있는 일인지 아닌지를 판단하는 과정이 포함되어야 하는데 이 과정이 없다. 즉 한국의 공부에는 자신의 그릇과 역량을 파악하는 자기 객관화와 성찰이 빠져 있는 것이다. 그러니 공부를 할수록 자기에 대해 알아가는 것이 아니라 자기를 망각하고, 나아가 망상에 빠졌다가 자기의 그릇이 드러나는 순간이 오면 감당하지 못하니 사유가 마비되고 행동이 비겁해지는 것이다.

물론 이것은 공부만의 문제가 아니다. 오히려 지금 한국의 공부는 한편에서는 다른 재능이나 역량에 비해 과대평가되어 이런 유치하고 비겁한 존재를 양산하고 있지만 다른 한편에서는 교육을 통한 '약속'을 제대로 지키지 못한다며 교육 자체가 무능해졌다고 맹렬히 비난받고 있다. 교육이 '무능한 유능력자'를 양산하는 것만이 아니라 교육 자체가 '무능한 유능력'으로 낙인찍혀 있는 것이다.

근대 사회에서 교육의 약속은 명확했다. 가난하더라도 재능이 있고 열심히 하면 교육을 통해 사회 이동을 할 수 있다고 말이다. 이 약속에 따라 한국의 많은 가족은 자신들이 가진 가용한 자원을 총동원했다. 바로 이 지점에서 한국은 능력주의가 말하는 '능력'의 의미가 무엇인지 적나라하게 보여준 사회였다. 능력이란 '자신이 가용할 수 있는 자원을 최대한 효율적으로 총동원할 수 있는 역량'이라고 정의할 수 있다. 이런 능력주의가 만든 신화가 가장 강력하게 작동하며 힘을 발휘한 사회가 한국이었다.

이 능력주의가 한국에서는 지나치게 성공한 이념이자 동시에 완전히 실패한 약속으로 치부되고 있다. 공부를 통한 사회 이동은 가능하지만, 반대로 교육이 점차 계급/계층 재생산의 수단이 된다는 것 자체가 능력주의가 너무 잘 작동하고 있다는 뜻이기도 하다. 앞에서 말한 것처럼 능력은 재능과 노력만이 아니라 가족의 재력과 문화 자본, 그리고 인맥이라는 사회 자본까지 포함한 '가용할 수 있는 자원의 총량'이기 때문이다. 따라서 중산층 이하의 계층에게 한국은 능력주의의 사회다.

반면 중산층 이상의 계층에게 한국의 능력주의는 실패한 약속이다. 의사와 변호사를 포함하여 많은 전문직은 자신들이 들인 노력에 비해 주어지는 보상은 적다고 여긴다. 경제적 보상을 비롯하여 노동 조건이나 사회적 존중과 인식 등 모든 면에서 박탈감을 느낀다. 오히려 능력주의를 제한하는 수많은 규제와 '평등' 조치들이 한국 사회를 통제하고 있다며 불만을 터트린다. 다른 사람들이 보기엔 능력주의의 수혜자이지만 정작 이들은 자신을 능력주의의 실패에 따른 피해자라고 인식한다. 따라서 이들에게 퍼져 있는 것도 피해 서사다.

이것이 『공부 중독』 이후 10년 만에 만나 이야기를 나누며 하지현 선생과 내가 각자의 현장에서 공통으로 만난 현상이다. 한편에서는 능력주의의 실패에 분노하는 엘리트들, 다른 한편에는 능력주의에 따라 희망이 없다며 절망하는 청년들. 그리고 점점 더 유치해지고 비겁해지면서 자기도 '피해자'라고 주장하는 '초'엘리트 관료 집단들. 교육에 대해 피해 서사만 난무하는 이 현상에서 거꾸로 공부는 무엇이어야 하는지를 물어보았다.

이 질문은 한국 사회의 현실을 분석하는 것만이 아니라 하지현 선생과 나 모두에게 매우 절박한 물음이었다. 공부가 무엇이어야 하는지에 대한 답을 찾는 것이 바로 우리 둘이 근거하고 있는 진료실과 교실의 존재 의미이기 때문이다. 사실, 이 책은 '우리'가 왜 존재해야 하고, 우리가 서 있는 교실은 어떤 곳이 되어야 하는지에 대한 답을 찾기 위한 대화였다. 이를 위해 우리는 그들―때로는 학생, 때로는 청소년과 청년, 때로는 환자의 모습으로―과 그들을 통해 한국 사회를 읽었다. 이것은 오로지 교실과 진료실에서 그들을 더 의미 있게 만나기 위함이었다.

이 책을 내놓으며 간절히 바라는 것은 하나다. 진료실과 교실에서 '우리'를 만나는 청년과 학생이 삶의 의미와 기쁨을 공부에서 발견하는 것이다. 모쪼록 이 책이 피해 서사를 넘어 독자들이 동시대의 공부 경험에 대한 말문을 열고 만남의 '말 걸기'를 시작하는 데 조금이나마 보탬이 되기를 바란다.

차례

비겁해지지 않는 공부를 위해 기호   4

1 『공부 중독』 이후 10년

만능감과 피해의식 17 ··· 불안과 망상 21 ··· 판타지와 경멸 26 ···
기쁨을 망각한 삶 33

2 공부는 어떻게 우리의 믿음을 배신했는가

유능한 무능력자의 탄생   39

0과 1의 세계의 공부 43 ═ 고도화와 최적화 53 ═ 정답의 레이어 57 ═ 전향적 사고와 후향적 사고 61 ═ 한국의 아이히만들 66 ═ 직역의 세계 76 ═ 2차 불안 사회 78

사회의 부족화   82

내 아들을 구출해 왔다 86 ··· 옳음을 증명하기 위해 90 ··· 자본의 세습 욕구와 부족주의 97

메타 없는 세계 108

전통 지식의 붕괴 110 ═ 관은 사라지고 편만 남은 공부 113 ═ 종교 없는, 메타 없는 세상 116

3 믿음을 되찾기 위해

레벨 업과 성장 사이 125

체험이 경험이 되지 못할 때 127 ⋯ 주체는 어떻게 탄생하는가 131 ⋯ 방에 갇힌 아이들 133 ⋯ 작업 없는 노동 140

실패를 견딜 수 없는 아이들 142

공정한 게임과 불공정한 현실 143 ═ 용인되는 실패는 없다 146 ═ 극단화와 양극화 149

공부는 언제 충분해지는가 156

흐름을 찾는 공부 158 ⋯ 삶의 주도성 되찾기 163

다음 10년의 시작을 위해 지현 169

주 175

— 이 대담집은 다섯 차례에 걸쳐 진행된 대담(2025년 1월 16일, 2월 21일, 3월 14일, 4월 18일, 8월 8일)을 엮은 것이다.
— 참고 문헌의 서지 사항과 통계 자료의 출처는 책 끝에 밝혔다.
— 이 책에서 '망상'은 정신의학의 용례가 아닌, '이치에 맞지 아니한 망령된 생각을 함. 또는 그 생각'를 가리키는 일반적인 의미로 사용되었다.

『공부 중독』 이후 10년

지현 2015년에 우리가 대담을 나누고 『공부 중독』을 출간했어요. '중독'이라는 단어를 택한 건 한국 사회가 공부에 매몰되어 있고, 삶이 공부를 중심으로 돌아가는 것을 꼬집기 위해서였어요. 은연중에 문제라고는 생각하고 있지만 정확히 무엇 때문인지 감이 잡히지 않던 것을 명확하게 해주었기 때문일까요, 기대보다 훨씬 큰 반향이 일어났습니다.

지금도 기억나는 독자 평이, '우리 아이가 게임 중독이 되듯 공부에 중독되어서 몰두하는 법을 알려주는 책인 줄 알았는데 정반대군요'라는 평이었어요. 한국 사회의 공부를 문제적으로 바라보는 그 책에 공감하는 독자도 많았지만, 다른 한편으로 자신의 아이만은 이 시스템에서 성공하기를 바라는 간절함을 가진 사람도 있었다는 반증이겠지요.

진부한 표현이지만, 10년이면 강산이 변한다는 말을 떠올리며 2015년 대담 이후 무엇이 달라지고 또 여전한지 살피고 싶어요. 우리가 지금 다시 만나서 대담을 하는 이유도 여기에 있다고 생각합니다. 먼저 기호 선생님께 묻겠습니다. 『공부 중독』 출간 이후 10년 동안 어떤 변화가 있었을까요? 과거와 유사한 건 무엇이고 교육 현장에서 느끼는 두드러진 변화는 무엇인지 말씀하는 것으로 대담을 시작하면 좋겠습니다.

기호 : 벌써 10년이 흘렀네요. 우선 공부를 대하는 태도가 어떻게

달라졌는지 살펴보면 좋겠어요. 10년 전에는 자신이 어느 선까지 준비되고 완벽해져야만 타석에 들어설 수 있다고 생각하는 경향이 강했어요. 그래서 중독된 듯이 계속 공부하면서 문제에 부딪칠 때마다 자기 자신에게서 원인을 찾았어요. 그런데 지금은 사회 어디를 보나 '피해'에 대한 서사가 대세를 이루고 있어요. 이렇게까지 준비되었고 이 정도까지 하고 있는데도 불구하고, 타인의 부조리로 인해 피해를 받고 있다는 생각이 확산되어 있어요.

한편으로 이 피해에 대한 인식은 정당해요. 피해를 과장하는 것이 아니라 피해에 대한 의식이 생겨난 것이라고 봐야겠습니다. 무작정 자기 계발에 열중하던 시대와 비교하자면 이제는 구조적 모순을 깨달았달까요? 자기만의 문제가 아님을 알게 된 겁니다. 개인이 아무리 잘해봤자 혼자 해결할 수 있는 문제가 아니라는 걸요.

그러나 다른 한편으로는 불온함이 감지되는 것도 사실입니다. 10년 전 저는 공부 중독의 가장 심각한 폐해로 '만능감'을 꼽았어요. 어느 시점부터 한국 사회에서 아이가 양육되고 교육되는 방식이, '나는 중요한 사람이고, 뭐든지 다 할 수 있고, 내가 다 컨트롤하고 평정해야 하고……' 이런 어마어마한 만능감을 심어준 것 같다고요. 사람의 성장 과정에서 볼 때 어느 단계에서 만능감은 사라져야 하지만, 여전히 사람들은 다른 사람이 방해하지만 않으면 다 잘할 수 있다는 만능감을 계속 가지고 있다고 느껴집니다.

여기서 주목해야 하는 것은 중독의 시대가 저문 게 아니라는 점이에요. 중독 역시 노력만 하면 다 쟁취할 수 있다는 의식의 반영이잖아요? 중독이 진화하면서 만능감이 생겨났고, 이를 간직한 채 피해에 대한 인식이 형성되었다고 보는 것이 더 정확하겠습니다.

이런 양상에서 그전과는 다른 문제가 불거지고 있어요. 자신이 다 준비가 되었는데도 세상 혹은 타인들 때문에 원하는 것을 얻지 못했다는 분노가 곳곳에서 터져 나오고 있습니다. 나를 알아주지 못하는 세상에 대한, 나를 제대로 대접하지 못하는 타인들을 향한 피해의식이 만능감과 합쳐져서 분노와 증오가 만들어지고 있어요. 소위 '착실하게' 공부를 많이 한 직종과 사람들에게서 이런 경향이 더 강하게 나타나는 게 묘하지요.

만능감과 피해의식

지현 분노는 공부를 둘러싼 지금 한국 사회의 중요한 키워드입니다. 정해준 대로 착실하게 열심히 살았는데 왜 나를 알아주지 못하는지, 왜 나는 기대한 만큼의 보상을 받지 못하는지……. 선생님 말씀대로 저도 현장에서 그런 종류의 분노를 자주 만납니다.

최소한 10년 전까지 중산층과 하위층에게 공부는

사회적 지위를 유지하거나 획득하는 유효한, 거의 유일한 방법이었어요. 자산 없이 근로 소득으로만 돈을 버는 중산층에게 공부는 부모의 지위를 자식에게 물려줄 길이었고, 하위층에게는 중산층으로 올라갈 수 있는 가장 공정한 성공 방정식이었어요. 그때 우리는 공부가 한국 사회에서 계층 간 경쟁을 가능하게 하는 유일한 방법이라고 믿었어요. 한편 상류층에게는 일종의 트로피가 필요했어요. 막대한 자본을 투자해서 학력까지 얻으면 더 만족스러웠던 겁니다. 사회 구성원 모두가 공부에 대해서만은 이견이 없었어요.

『공부 중독』에서는 이 경쟁이 레드 오션에 달했다는 이야기를 했지요. 그리고 그럼에도 여전히, 투자 대비 효율이 확연히 떨어지는데도 불구하고, 모든 사람이 이 방식에 문제가 있다는 걸 느끼면서도 습관적으로 공부에 목매다는 것은 공부에 중독되었기 때문이지 않겠냐고요. 10년이 지난 지금, 과연 우리가 거기서 얼마나 벗어났는지 살펴볼 필요가 있겠습니다.

여기서 몇 가지 변화가 눈에 띕니다. 먼저 아이들이 출발선에 서는 시기가 앞당겨지고 있어요. 같은 속도로 달린다면 조금이라도 더 일찍 시작할수록 결승선에 먼저 도착한다는 간단한 논리가 작동한달까요. 얼마 전 유튜브에서 화제가 된 '대치 맘' 영상 보셨어요? 아이가 네 살 때 영어 학원 레벨 테스트를 보는데 이것이 과장이 아닌

현실이라는 게 큰 충격이었어요.

다른 한편으로는 해봤자 소용이 없다는 패배주의가 확산되고 있어요. 지금 2, 30대가 열심히 노력해서 대기업에 입사하거나 전문직이 되어 근로 소득에서 비교적 우위를 점한다 해도, 부모 세대의 축적 자산을 물려받는 이들을 넘어서기 어렵다는 것이 통계로 증명되고 있어요. 이를 가리켜 '세습 자본주의(hereditary capitalism)'라고도 하더군요. 영국 시사 주간지 『이코노미스트』는 2025년 한 해 동안 선진국에서 약 6조 달러 규모의 상속이 이루어지리라고 추산했어요. 국내총생산(GDP) 대비 10퍼센트에 이르는 수치예요. 20세기 중반 선진국의 GDP 대비 상속 규모는 5퍼센트 수준이었으나, 2025년에 이르러 상속 규모가 두 배에 이르게 된 거예요. 경제 규모 대비 상속 비중이 증가하면서 자산 불평등이 심화된 걸 확인할 수 있어요.[1]

한국도 마찬가지입니다. 상속계급사회(inheritocracy)의 청년들은 '해서 뭐 하나' 같은 열패감에 사로잡혀 있어요. 남들보다 일찍 시작하지 못해서 이미 늦었다는 마음, 그리고 물려받을 자산이 없으니 해봤자 벽을 넘을 수 없다는 열패감이 결합해 분노로 표출되고 있어요.

기호 선생님 말씀처럼 사회 안에 계층 이동의 사다리가 존재할 때는 공부가 유용했어요. 과거에는 하위층이 공부를 통해

위로 올라갈 수도 있었어요. 학력 자본이 경제 자본으로 호환되고, 문화 자본도 될 수 있었지요. 그런데 지금 이 사다리는 완전히 걷어 차졌어요. 더 위로 올라갈 확률과 개연성이 이전보다 확연히 떨어졌어요.

지금 20대 남성의 보수화를 주제로 한 논문들을 보면 한국에서 두드러지는 특징이 하나 있어요. 한국에서는 하위층보다 중산층이 더 보수화되는 경향이 있고 사회에 반발심이 커지고 있어요.* 과거에는 공부를 해서 전문직이 되면 부모만큼 살 수 있었으나, 지금은 예전만큼 보상을 받을 가능성이 확연히 떨어져 있다 보니 중산층을 중심으로 피해의식이 굉장히 많이 확산되었어요. 공부에 어마어마한 자본을 투여했는데, 기대한 아웃풋이 나오지 않고 오히려 줄어드는 것에 분노하지요. 지금 가지고 있는 것마저도 언제 뺏길지 모른다고, 이미 뺏겼다고 생각하는 거예요.

미국에서도 비슷한 현상이 나타나고 있어요. 소위

---

* 『시사IN』·한국리서치가 2025년에 실시한 '6·3 대선 이후 유권자 인식 여론조사'에 따르면, 청년 남성은 다른 집단보다 평균적으로 더 보수적이며 경제적 지위가 상층일수록 보수성이 두드러진다. 김창환 캔자스대학 사회학과 교수는 이를 확인하기 위해 가구소득·가구자산·주관적 계층 인식을 종합한 '경제적 지위 지표'를 만들고, 네 가지 항목(①국민복지는 국가가 아니라 개인이 책임져야 한다 ②복지 향상을 위해 추가 세금을 낼 의향이 없다 ③장애인 의무 고용제에 반대한다 ④이재명 정부에서 불평등 완화와 복지 확충 정책을 추진해서는 안 된다)으로 '경제정책 보수성 지수'를 만들어 두 변수의 관계를 분석했다.
　그 결과 청년 남성은 다른 어떤 집단보다도 능력주의에 근거해서 경제적 배분을 판단한다. 현재의 어려운 처지는 능력의 결과이기에 그대로 받아들여야 하고, 인위적인 재분배는 정당하지 않다는 인식이다.

이야기하는 다양성 정책이나, 대입에서 소수 인종을 우대하는 정책인 '어퍼머티브 액션(affirmative action)'에 분노하지요. 우리 것을 빼앗아 능력도 없는 사람들에게 준다는 거예요. 이런 배분 정책은 부당하고 불공정하며 나아가 사회 발전에 저해가 된다고 주장하지요. 능력 있는 사람들의 동기를 꺾이게 하니까요.

여전히 공부는 '능력' 있고 더 많은 성과를 낸 사람에게 사회적 사다리를 올라가거나 문화 자본을 획득하는 도구일 뿐만 아니라, 만능감을 보존하는 유용한 수단이에요. 한편에서는 피해의식이 확산되고 있지만 다른 한편에서 공부는 여전히 만능감을 느끼게 해줍니다. 이 만능감과 피해의식이 결합해 엄청난 상승 작용이 일어나고 있어요. 자신은 굉장히 만능한 존재인데 다른 한편에서는 끝없이 빼앗기고 있고, 언제 빼앗길지 모르는 피해자가 되고 있다고 생각하지요.

불안과 망상

지현 우리가 『공부 중독』에서 비판적으로 보았던 경향들이 더욱더 가속화되고 있어요. 공부 중독을 긍정적인 면에서 보자면 10년 전 우리는 계속 공부하면서 안심했어요. 아무튼 뭔가 하고 있는 것 같으니까요. '학교가 끝난 이후에도 배움이 계속되어야 한다'라는 패러다임의 연장선에서 평생 교육, 직업 교육, 사내 연수, 교사 연수 과정이 체계화되었지요.

그런데 요즘은 새로운 현상이 보입니다. 많은 사람이 저자가 되고 싶어 해요. 예전에는 충분한 역량을 가진 사람들조차도 자기가 뭐라고 책을 쓰느냐고 말하곤 했지만 지금은 그렇지 않아요. 물론 책을 낼 수 있는 문턱이 과거보다 낮아졌고, 블로그 같은 SNS에 쓴 글이 출간으로 이어지는 경우가 많아지면서 전보다 더 쉽게 책을 낼 수 있게 된 환경의 영향도 있겠지요. 그런데 콘텐츠 제공자가 되고 싶어 하는 사람은 많아졌지만, 정작 콘텐츠의 질을 어떻게 높일지는 크게 고민하지 않는 듯해요.

이런 양상을 리스너가 사라지고 스피커만 있는 세상과 연결해서 볼 수 있겠어요. 스피커'만' 되고 싶다는 욕망은 더 이상 숙고하고 싶지 않다는 의미이기도 합니다. 수동적이고 수용적인 자세에서 벗어나 능동적 자세를 갖추는 건 매우 긍정적인 방향이지만, 정말로 하고 싶은 이야기가 있기보다 '누구나 책 한 권 내는데 나도 할 수 있는 거 아니야?' 하고 달려드는 경우도 왕왕 보입니다.

또 한편으로는 정보의 개방성이 이상한 평등주의를 만들어낸 것 같아요. 아무리 터무니없는 말을 해도 동조하는 사람이 있고, 그 사람들과의 관계에만 집중하다 보면 자신이 틀릴 수도 있다는 걸 받아들이기도, 의견이 다른 타인의 말에 귀 기울이기도 어려워집니다. '필터 버블(filter bubble)'이라고 하던가요, 쏟아지는 정보 중에 옳다고 믿는 것을 강화하는 내용만을 선택하고 흡수하는 거예요.

이렇게 만들어진 인지 체계를 흔들기는 쉽지 않을 겁니다. 불확실성은 불안을 조장하지만, 분명한 명제는 안심을 주니까요. 10년 전의 패러다임이 '우리의 배움은 계속 되어야 한다'였다면 지금은 '나는 나대로 한다'가 되어버렸달까요.

기호   그렇지요. 확신하려는 경향이 강해질수록 자기 주장의 허점을 인정하기가 더더욱 어려워질 겁니다. 하지만 인간은 늘 불안할 수밖에 없어요. 근대 사회 주체의 핵심은 불안이에요. 틀릴지도 모르기 때문에, 아는 게 온전하지 않을지도 모르기 때문에 인간은 불안합니다. 확신하는 동시에 불안해야 해요. 지현 선생님이 계시는 의료계도 그럴 테고요, 저도 대학에서 학생을 가르칠 때 늘 불안합니다. 제가 하는 말에 오류나 잘못된 것이 있을지도 모르니까요. 그렇기 때문에 불안은 좋은 의미로든 나쁜 의미로든 인간을 계속 공부하게 만드는 역할을 합니다.

요즘은 하나라도 알게 된 게 있다면 SNS에 빨리 보여줘야 하지요. 자기 자신을 가시화하지 않으면 마치 존재가 사라지는 것 같으니까요. 더구나 세계가 너무 연결되어 있다 보니 아무리 기괴한 주장을 해도 거기에 동의하는 사람들이 어느 정도 시장을 형성하고 있어요. 거기에 속해 있으면 자신이 틀렸다고 생각하기 힘들어집니다. 어떤 집단에 속하기만 하면 그다음부터는 그 안에서 인정을 받는 게 중요해지니까요.

대표적인 예시는 지구가 평평하다고 주장하는 사람들이에요. 과거라면 주위에 이런 사람들이 아주 소수이기 때문에 이 주장이 정당성을 획득하기 힘들었어요. 그런데 지금같이 전 지구적인 연결망 속에서 이 사람들을 모아보면 숫자가 꽤 됩니다. 그러면 '규모'를 이룰 수 있고 자신이 틀리지 않다고 생각할 수 있어요. 오히려 지구가 평평하다는 사람들의 눈에는 지구가 둥글다는 사람들이 여전히 속고 있는 거예요.

재미있는 것은 이 사람들끼리 지구 평면설에 대한 '학회'를 열고 논쟁도 합니다. 글을 써서 출판하고 서로의 주장 검증법에 대해 반박도 합니다. 내부에서 경쟁이 일어나는 거예요. 이들은 경쟁 과정에서 근대 과학의 검증법을 모방합니다. 자신들도 동료를 상호 검증하고 있고 방법론적 엄밀함을 둘러싼 논쟁을 하고 있다고 착각하지요. 이 '세계' 안에서는 자신들 또한 근대의 과학처럼 엄밀하고 체계적이며 과학적이라는 망상에서 벗어나기가 대단히 힘들어집니다.

지현 선생님이 사용한 '망상(delusion)'이라는 단어는 정신과 의사인 제가 직업적으로 사용하는 용어이기도 합니다. 이 단어를 사회학의 관점이나 일상어의 측면으로 사용하는 것과 정신병리학적으로 사용하는 것에는 아무래도 괴리가 생길 수밖에 없어요.

그런 점에서 제가 일상적인 수준에서 이해하는 망상을 설명하자면, 망상은 '상식적인 수준으로 설명하고 설득해도 교정되지 않는 잘못된 믿음'이라고 정의할 수 있어요. 이 맥락에서 지구가 평평하다는 믿음이 어떻게 망상으로 불릴 만한지 이해할 수 있습니다. 문화적으로나 상식적으로나 합리적인 근거에 기반해서 대부분의 사람이 이해할 정도로 설명하고 설득해도 도저히 받아들이지 못하는 상태인 것이지요. 이 망상의 인식 체계에서는 자신에게 벌어지는 불가해한 일들을 명료하고 간단하게 설명할 수 있습니다. 그렇게 되면 불안이 줄어듭니다. 세상에서 일어나는 일들이 더 이상 불확실하거나 복잡하게 느껴지지 않으니까요. 이처럼 모든 것이 단순하게 설명된다고 느끼는 상태에서는 망상에서 벗어나기가 더욱 어렵습니다. 시스템의 오류를 아무리 말해도 받아들이지 않아요. 근본부터 뜯어고칠 엄두가 나지 않으니까요.

기호 여기서 우리는 왜 주체가 망상에 빠지는가에 더해서, 무엇이 이 망상을 안정적으로 유지시키는가에 대해서도 생각해봐야 해요. 첫 번째로 짚고 싶은 것은 앞서 말했듯이 전 지구적 연결로 인해 그 어떤 이상한 주장도 규모를 만들 수 있게 되었다는 겁니다. 물론 여기서 말하는 규모는 숫자상의 규모예요. 양적으로 어느 정도 충족이 되어야 자신의 주장이 이상하지 않다고 생각할 수 있습니다. 규모를 이루면 나아가 일종의 세계를 만들 수 있어요. 이 말인즉 그 안에서 자급자족이 가능해진다는 의미예요. 시장이 형성되는 것이지요. 그때부터는 밖으로 나갈 필요가 없습니다. 그 안에서 충분히 살아갈 수 있게 되거든요.

두 번째로는, 시장에서 경쟁이 일어나면 몰두할 대상이 생깁니다. 다른 사람보다 더 정밀하게 몰두하여 '더 나은' 것을 내놓을 수 있어요. 전제가 잘못되었더라도 그 위에 아주 정교한 것을 세울 수 있게 됩니다. 그 과정에서 근대의 과학적 방법론을 모사하지 않을 수 없습니다. 그러면 착각이 일어납니다. 자신의 방식이 과학적이고 엄밀하며 틀릴 리 없다고 생각하는 것이지요.

판타지와 경멸

기호
　　또한 10년 전과 비교해서 두드러지는 현상은 과거에는 공부의 영역에 속하지 않던 것들이 이제 공부 영역으로 들어왔어요. 삶을 통해 시도하고 실패하면서 확장해야 할 영역이 체계적 훈련의 범위에 들어온 겁니다. 저는 청강문화산업대학교에서 만화를 전공하는 학생들을 가르치고 있어요. 그중 소수 학생들이 매뉴얼을 요구할 때가 있어요. 자신이 이런저런 매뉴얼에 따라 노력을 해서 입시에 성공했는데 제 수업에는 매뉴얼이 없다는 거예요. 높은 점수를 받으려면, 더 나은 창작자가 되려면 어떤 매뉴얼이 있어야 하냐고 끊임없이 묻습니다. 하지만 어떤 것은 매뉴얼의 영역에 들어올 수 없어요. 스스로 계속 연습하고 숙달을 통해 익혀야 한다고 답하면 받아들이지 못하는 학생들이 더러 있습니다. 가슴 아프지요.

우리는 여기서 학생들이 매뉴얼을 요구한다는 것의 의미를 깊게 생각할 필요가 있습니다. 무엇보다 이 말은 지침을 요구한다는 뜻이에요. 제가 가끔 이름을 잘 지었다고 놀리는 것이 있는데요, 바로 '수행(遂行)' 평가예요. 이 단어의 본래 의미를 생각해보면 학생이 어떤 활동을 하고 배우게 하자는 뜻입니다.

그런데 '수행'은 '활동'과 다릅니다. 도식적으로 말한다면 수행은 지침을 따라가는 것이고, 그 지침을 제대로 따랐는지에 따라 평가받습니다. 사회학자 찰스 틸리의 말을 인용한다면 '코드'가 있는 것이지요. 그래서 수행은 아무리 능동적이어봤자 수동적입니다. 코드를 따라 하는 것이니까요. 매뉴얼을 제시하는 것은 어떤 의미에서는 매우 능동적으로 보이지만 사실은 수동적인 주체를 양산하는 교육이라고 할 수 있어요.

물론 매뉴얼 혹은 프로토콜은 중요합니다. 창의성이라는 이름으로 프로토콜을 무시하는 사람은 위험하니까요. 의대나 공대에서는 더욱 그렇겠지만, 인문·사회과학 분야라고 해서 다르지 않아요. 일례로 외교에서 아주 중요한 것이 바로 프로토콜이에요.

그러나 프로토콜만을 따른다면 문제가 발생합니다. 예를 들어 좋은 의사는 매뉴얼에 따르되 환자의 상태가 예외는 아닌지 예민하게 관찰하고 감지해야겠지요. 유능한 외교관이라고 한다면 프로토콜에 따르되 그것을 다른 방식으로 표현할 수 있어야 해요. 이야기를 만드는 창작자라고 한다면 클리셰를 활용하지만 클리셰에서 벗어나 누구도 생각하지 못한 반전을 만들어낼 수 있어야 하고요.

지현 말씀대로 각 영역에는 저마다의 프로토콜이 있지요. 하지만 공부의 줄기가 하나가 아니기 때문에, 매뉴얼을 중요하게 여기는 정도나 매뉴얼을 활용하는 방식에 차이가 더러 보입니다.

제가 몸담고 있는 의료계의 공부는 전형적으로 매뉴얼화되어 있어요. 확실한 인재상이 있지요. 그에 걸맞은 인재를 육성하기 위해 의학의 영역을 세분화한 다음, 어느 시점에 어느 수업에서 어떤 부분이 성취되리라는 계획서를 제출하고 의학교육평가원의 심사를 받습니다. 학생들은 두꺼운 교과서에 따라 공부하고 졸업할 때 시험을 봅니다.

이 시험은 의학 교육의 성과를 잘 반영하도록 설계되었고 필기와 실기 고사를 모두 시행하지요. 저는 의대가 이런 방식의 교육을 지향해야 한다고 봅니다.

  같은 매뉴얼을 따르기 때문에 A라는 대학을 나온 사람들이 소정의 교육 과정을 밟아서 의사가 된다면, 이들이 환자를 진단하고 약을 처방하는 방식과 B, C, D 대학을 나온 사람들의 방식이 99퍼센트 일치하게 되어 있어요. 의대나 약대, 로스쿨같이 전문직을 양성하는 기관은 천재 한 명이 짜잔 하고 나타나기를 바라지 않아요. 학생과 교수, 학교가 모두 동일하게 그리는 전문가의 인재상이 있고, 기관의 교육은 학생들이 전문가 수준의 능력치를 모두 획득하게 하는 것을 목표로 합니다.

  운전 학원을 예로 들면, 커리큘럼을 잘 따른다면 거의 모든 수강생이 운전면허를 취득할 수 있고, 소정의 연수를 받고 나면 누구나 혼자서 차를 몰 자격을 얻을 수 있어요. 학원에서 배운 내용은 모두 운전에 도움이 되도록 짜여 있고요. 1종과 2종, 굴착기 같은 중장비 등 면허의 종류를 구별한 이유는 각각의 차량을 모는 데 필요한 기술이 다르기 때문이에요. 여기서 학원의 커리큘럼과 시험은 대다수의 지원자가 통과할 수 있게, 문제가 있는 사람은 제외하는 목적으로 짜여 있어요. 이런 라이선스 공부의 장점은 균질한 능력치를 가진 집단을 양성하기 용이하다는 것입니다. 단점이라면 융통성을 발휘할 폭이 좁아 재미가 없고, 개인의 개성이나 취향을 수용하기는 어렵습니다.

하지만 창작을 하는 친구들을 위한 교육은 지향점이 달라야 한다고 생각해요. 아주 최소한의 기본 소양 교육을 제외한 나머지 과정은 다 달라야 할 겁니다. 2015년에 한국에서 개봉한 〈위플래쉬〉라는 영화 기억하시지요? 음악학교에서 재즈밴드를 지휘하는 선생 플레처와 학생 네이먼의 관계가 창작 교육의 단적인 예시를 보여주고 있어요.

예술 영역에서는 모두가 비슷한 수준의 결과물을 내는 것보다, 10년에 단 한 명이라도 교육자가 바라는 자질을 갖추거나 그보다 더 뛰어난 창작자가 나오는 게 더 중요하다고 봅니다. 〈위플래쉬〉의 플레처는 네이먼을 편애하고, 차별하고, 몰아붙이고, 비인격적인 모독을 서슴지 않아요. 그래야만 교육자가 필요로 하는 창작자가 나온다고 믿는 듯하지요.

그래서 저는 교육에 서로 다른 두 영역이 있어야 한다고 생각해요. 극단적인 예시지만 의대에 플레처 같은 교수가 있어서는 안 되고, 예술 교육에서 모든 것을 매뉴얼대로 해야 한다고 주장하는 것도 옳지 않다고 봐요. 그렇게 되면 고만고만하게 평범한 졸업생만 나올 테니까요. 물론 매뉴얼이 필요한 영역도 분명히 있겠지만, 다 그러면 재미없지 않겠어요?

기호   제 생각에는 의학과 예술 영역 모두에서 사람들이 교육에 거는 기대가 잘못됐어요. 본질적으로 보면 이 두 영역은 사실 똑같습니다. 제도 교육과 공교육의 역할은 평균을 높이는 일이에요. 교육 과정을 착실하게 밟는다고 해서 천재가 되는 것은 아닙니다. 비수도권 의대를 나오든 서울 의대를 나오든 간에 99.99퍼센트는 사실상 똑같다 해도 마지막을 가르는 0.01퍼센트는 교육의 과정에서 스스로 별도로 만들어내야 해요. 창작도 마찬가지예요. 창작의 공식은 당연히 있지요. 제가 강의하는 학교에서도 교육 시스템의 질을 높이려고 굉장히 노력해요.

그런데 사람들이 한국의 제도나 공교육에 요구하는 것을 보다 보면, 교육이 천재를 만들어주기를 바라는 것 같아요. 그러지 못하면 '당신이 시키는 대로 다 했고, 나는 너무 열심히 했는데, 그러면 천재까지는 아니더라도 탁월해져야 하는데 왜 그러지를 못해' 같은 억하심정을 가집니다. 교육에 대한 잘못된 인식이 교육의 결과에 대한 망상을 만들어내고 있어요.

지현   선생님이 말씀한 것처럼 사람들이 평균에 거는 기대가 과도해질 때가 있어요. 평균을 높이는 교육은 그라운드에 플레이어로 설 확률을 높이지요. 기본기를 다질 수 있기 때문이에요. 여기서 평균을 높인다는 것은, 즉 체계적인 훈련을 받는다는 것은 한국 사회에서 선수 출신이 되는 일과 같다고 생각해요. 야구에 비유하자면 수많은 선수 중에서 백 명 정도가 프로 선수로 선발이 되고, 그중 한두 명이 살아남아 FA 자격을 얻고 메이저리그에 갑니다. 우리가 이름을 아는 0.01퍼센트의 선수들처럼요. 또 그중에서 오타니나 이대호 같은 천재가 되는 건 다른 얘기이고, 이 경우는 재능과 환경과 노력이 모두 어우러지고 운이 좋아야만 가능한 일입니다. 이렇게 드문 일이니 아마추어가 뛰어난 역량을 보이면 모두 울고불고 난리가 나는 거예요. 모두의 꿈이 투사되었기 때문이라고 봅니다.

기호   오타니나 이대호는 고사하고 선출(선수 출신)이 되는 것으로도 굉장히 대단한 일이라는 걸 알아야 하는데, 공부에 들이는 노력과 시간은 갈수록 많아지는데 만족스러운 보상이 돌아오지 않으니 '왜 나는 탁월해지지 않나, 당신이 시키는 대로 다 했는데' 하고 억울해하는 거예요. 그것도 참 많은 영역에서요.

한편으로는 공부에 대한 굉장한 판타지가 있으면서도 동시에 공부에 대한 경멸이 있어요. '공부를 이 정도까지 해야 한다'와 '공부가 너무 쓸모없다'는 이야기가 공존합니다. 저는 이 경멸이 보편 교육에서의 공부가 천재를 만드는 일이라고 착각하는 데서 만들어지는 거라고 생각해요. 해도 해도 안 되는데 날 때부터 잘하는 사람들을 보면 포기하고 싶겠지요. 공부가 무슨 소용이 있냐고 하면서요. 노력을 통해 선출이 되고 상위 20퍼센트까지, 그리고 결국 1퍼센트까지 가는 사람들마저도 만족을 못 하고 엄청난 열패감을 느끼고 있어요. 저는 이게 모든 문제의 원인이라고 생각합니다.

이런 점에서 앞서 말했듯이 한국은 여전히 공부 중독 사회입니다. 거기에 더해서 공부 경멸이 데칼코마니로 존재하면서 망상과 피해의식이 만들어지고 있어요. 라이선스가 점점 더 촘촘해질수록, 시험이 점점 더 세분화될수록 이 판타지는 계속 유예됩니다. '이 시험을, 이 과정을, 여기까지 끝내고 나면……' 하는 식으로요.

기쁨을 망각한 삶

지현   선생님 말씀을 듣다 보니 공부에 대한 양가감정이 극단적으로 치솟는 모습이 그려집니다. 공부를 통해 이상적인 목표를 이루는 모습과, '쓸데없는' 공부에 치여서 삶이 피폐해지는 모습이요. 공부라는 행위에서 떠오르는 상반된 이미지에 의구심을 가지면서도 사회 전반의 분위기는 여전히 공부이니 대세를 따를 수밖에요.

이렇게 갈수록 촘촘해지는 공부의 수준에도 불구하고, 우리가 상상하지도 못한 곳에 이르는 사람이 생겨나면서 평균값의 세계를 천천히 올라가던 사람들이 굉장한 박탈감을 느끼고 있어요. 그렇다면 이 평균 상승의 끝은 어디일까요? 사회 전체의 평균값이 상승했음에도 불구하고 구성원들의 눈이 너무 높아졌기 때문에 작은 격차도 크게 느껴질 수 있어요. 웬만해서는 만족할 수 없는 세상이에요.

저는 평균의 역할이 우리를 안심시키는 데 있다고 생각해요. 프랜차이즈가 사회의 평균을 높이는 데 혁혁한 공을 세웠잖아요. 제가 어릴 때는 동네 빵집마다 맛의 편차가 컸어요. 한국 최초의 프랜차이즈 빵집인 파리크라상이 생긴 이후부터는 전국에 우후죽순으로 프랜차이즈 빵집이 만들어졌지요. 그때부터 어디에 가든 같은 맛의 빵을 먹게 되었고 가격 경쟁력이 생겼어요. 평균값을 높이는 전형적인 근대화예요. 많은 것들을 집어넣으면 그만큼 뽑아져 나왔어요. 그게 포드 시스템(Ford system)이자 산업화이고 대학은 그런 시스템을 만드는 곳이고요.

하지만 프랜차이즈 빵집이 만족스러워도 계속 그 빵만 먹고 싶지 않잖아요. 프랜차이즈 빵만 먹는다고 행복하지는 않아요. 안심할 뿐이지요. 기본 수준을 높이는 데 굉장한 역할을 하지만, 그 레벨이 일상화된 사람들은 공장화된 프랜차이즈에 기쁨이나 쾌감을 느끼지 않아요. 그다음 단계를 원하게 되지요. 이렇듯 저는 우리 사회가 다음 단계로 나아갈 때가 되었다고 생각해요. 그러기 위해서는 무엇보다 어느 정도가 충분한지 염두에 두고 어디서 멈출지를 아는 것이 중요합니다. 위를 올려다보기 시작하면 끝이 없거든요.

한편으로 저는 공부에 들인 노력과 그렇게 이룬 성취에 보상을 받으려는 욕구에 주목하고 싶어요. '내가 이렇게까지 노력했는데 왜 이것밖에 못 벌어'에서 '이것밖에'를 더 들여다보자면요, 인간은 보상을 받는 순간보다 보상을 기대하는 순간에 더 큰 쾌감을 느낍니다. 노력한 만큼 보상을 받기를 기대했는데, 기대보다도 못한, 또는 기대한 만큼만 받는 보상에 거듭 실망하게 됩니다.

그리고 우리는 보상을 계량화할 수 있는 돈으로만 보고 있어요. 정량화·객관화된 금전적 보상만이 가치 있고 다른 걸 좇는 사람을 가리켜 현실로부터 도피한다고 생각하고요. 금전적인 보상이 중요하지 않다는 건 아니지만, 저는 이제 우리에게 얼마만큼의 보상이 있어야 적당할까, 금전적인 보상을 넘어 무엇이 우리를 만족시킬까에 대한 이야기를 다시 해야 할 시기가 오지 않았나 싶습니다.

기호   지금 선생님이 말씀한 부분이 우리 사회에서 여러 차이를 만들어내는 것 같아요. 첫째로는 우리는 자기 자리에 충만감을 느끼지 못합니다. 무슨 일을 하든 '여기' 있을 사람이 아니라는 생각이 매우 강해요. 그 자리에서 더 나은 사람이 되려는 것이 아니라 자리 자체가 자신과 안 맞다고 생각합니다. 그러니 정성을 다해 일하는 모습을 보기는 힘들지요.

  정말 걱정스러운 것은 이런 양상이 사람들에게서 기쁨을 앗아가버렸다는 점입니다. 삶은 기뻐야 해요. 사람을 만나고, 이야기를 나누고, 그를 걱정하고, 그와 반려하고, 때로는 홀로 거니는 이 모든 과정이 그 순간은 고통스러울지언정 시간이 지나 반추할 때는 기쁜 일이 되어야 합니다. 반성이야말로 지나간 자기 삶에서 놓쳤던 것을 새롭게 발견하는 일이잖아요. 그 반성이 있으니 새로운 것을 미래에 기획할 수 있어요. 반성과 기획으로 우리는 기대를 갖고 새로운 것을 낳을 수 있습니다. 이렇게 새로운 것이 발견되고 탄생하는 것이 인간에게는 가장 큰 기쁨이에요. 그런데 지금은 자신이 있는 자리를 부정하며 불행하게 여기니 이 자리에서 탄생하는 것이 없어요. 그러니 기쁘지 않은 겁니다. 새로운 것이 발견되지 않고 태어나지 않은 것만큼 불행한 삶이 어디 있을까요?

공부는 어떻게 우리의 믿음을 배신했는가

유능한 무능력자의 탄생

지현 『공부 중독』에서 양극화된 두 그룹을 이야기했어요. 한 그룹은 정규 교육과정에서 일찌감치 떨어져 나와 지적 교양과 사회적 상식 수준이 확연히 낮아진 사람들이에요. 저는 '외로운 늑대'에 비유하곤 해요. 약간의 우울이 깔려 있고 거친 성정을 가졌는데 자세히 들여다보면 고립된 채 외로워하고 있지요. 학교를 일찍 그만둔 데다 가정에서도 사회화의 경험을 하지 못해서 감정 표현을 어려워하고 관계 맺기에도 서툴어요. 어쩌면 사회적 능력이 무엇보다 더 중요할 수 있는데도 불구하고요.

다른 한 그룹은 오직 공부 머리만 비대하게 키운 사람들입니다. 이 그룹은 주로 '~한 다음에 놀아' 같은 말을 들으면서 자랐어요. 무척이나 '바람직한' 학창 시절을 보냈으나 이 그룹 역시 외로운 늑대와는 다른 의미로 사회화 경험을 하지 못했어요. 학력의 우위가 다른 결함을 덮고 열외로 해주었기 때문에 이들의 문제는 학창 시절에 잘 드러나지 않아요. 학생회처럼 조직 생활을 했다면 사회성을 그나마 키울 수 있었을 겁니다. 그런 경험 없이 공부만 한 학생들이 어른이 되고 사회에 자리를 잡으면서 점점 문제를 드러내고 있어요.

여기서 후자의 그룹, 사회화를 충분히 경험하지 못한 채 또래 집단과 끝없이 경쟁만 하며 자란 사람들이 이제 중장년층이 되어 사회적 지위를 얻게 되었습니다. 이들은 공부를 통해 경쟁에서 이기기 위한 기술을 습득했고 그 결과 상당한 경제적, 사회적 보상을 얻었어요. 하지만 공감 능력이 상대적으로 떨어지고, 연대의 필요성을 잘 느끼지 못하고, 실패에 대한 내성이 약합니다. 정치 경제 분야 최상위에 있는 관료들의 이해하기 힘든 행보, 판검사가 내리는 국민적 상식에 들어맞지 않는 판정들이 그 예시가 될 수 있겠습니다. 이들의 특징을 좀 더 살펴보자면, 먼저 능력주의자들이 많아요. 그리고 추후에 자세히 이야기하겠지만, 일상생활과 경제 활동, 양육에 있어서는 보수적인 입장이지만 정치에서는 진보적인 스탠스를 취하는 경우도 많이 보여요.

기호 다른 사회적 활동 없이 공부 머리만 키운 사람들은 자기가 한 공부로 세상을 바꿀 수 있고, 또 정의롭게 만들 수 있다고 생각하곤 합니다. 하지만 그게 그렇게 간단한 일이 아니잖아요. 법을 배웠다 해도 세상이 법조문대로 돌아가지 않고, 과학을 배웠다 해도 과학으로 세상이 만능적으로 깔끔하게 해결되지 않는다는 것을 알아가는 과정이 공부예요. 하지만 한국에서 공부는 만능한 도구, 더 정확히는 전능한 도구로 받아들여지고 있어요.

저는 과학을 전공하려는 학생들이 과학을 무엇이라고 생각하는지에 대한 궁금증과 더불어 염려가 있어요. 과학을 좋아하고, 잘하고, 또 더 잘 배우려는 학생들 중에는 과학을 만능열쇠로 아는 학생이 꽤 있어요. 그러다 보니 과학고에서 고통받는 사람 중에 하나가 국어 교사예요. 소위 '과학적 사고'를 한다는 학생들에게는 국어가 너무 비논리적이고 감상적이고 이렇게 해석해도 답이 되고 저렇게 해도 답이 되어서 못 견딘다는 거예요. 과학과 비과학을 위계적으로 나눠서 비과학인 문과 과목을 낮추어 보는 경향도 있다고 하더군요. 한때 〈SNL 코리아〉의 '고교 전쟁 과학고 VS 외고' 에피소드에서 이를 풍자하기도 했잖아요.

하지만 과학은 한계를 계속 발견해나가는 과정이잖아요. 이 방식으로는 무엇이 안 되는지, 왜 안 되는지를 배워가는 게 중요합니다. 제 고등학교 동기가 포스텍에서 발표한 석사 논문의 결론이 '이런 연구는 더 이상 안 해도 된다'였어요. 연구를 해서 결론을 내려보니 안 해도 되는 연구였던 거예요. 하지만 이런 과정이 과학적으로는 굉장히 의미 있어요. 사회적인 성공으로 볼 수는 없겠지만 문제를 규명하고 해결하는 데 있어서의 성공이니까요.

이 경우에서도 알 수 있듯이 여전히 한국은 정답에

집착하는 사회예요. 학생들은 공부에 정답이 있다고 믿고 그 정답을 찾는 게 공부라고 생각합니다. 공부를 잘하면 정답을 찾을 수 있고, 이를 쉽게 적용할 수 있다고 생각해요. 그렇게 정답을 찾아서 적용했으니 다른 사람들은 받아들여야 한다는 논리지요. 이렇게 명료하게 정리할 수 있는 일인데 왜 토론을 하고 있냐는 말에서 굉장한 특권 의식을 엿볼 수 있어요. 자신은 전문가로서 정답을 알고 있고 당신은 비전문가이니 정답을 모른다는 겁니다.

지현
이런 현실에서 공부는 명백한 결론을 내려 문제를 해결하려는 방식으로 변질되고 있어요. 공부의 본질은 그런 것이 아닌데도요. 또 한편으로는 집단 지성의 무분별한 확산으로 전문 지식이 위협받는 모습도 보여요.

기호
물론 저는 그동안 집단 지성이라는 말이 가진 위험성을 많이 이야기해왔어요. 집단 지성이라는 단어가 오남용되면서 전문 지식을 무시하는 경우가 왕왕 있었으니까요. 아무리 규모가 큰 집단 지성이 달라붙는다고 해도 전문 지식을 넘어설 수 없는 영역이 있습니다. 무엇보다 전문 지식은 방법을 익히는 고도의 훈련을 통해 역사에 축적된 지식을 체계적으로 전수받아야 얻을 수 있으니까요.
　그런데 다른 한편에서 짚어야 할 것이, 한국의 전문가들은 시민적 통제를 너무 싫어하고 무시합니다. 저는 시민적 통제를 무시하는 전문 지식의 바탕에 '우리만 제대로 알고, 우리만 토론할 수 있다'는 특권 의식이 깔려 있다고 생각합니다. 여기서 유래된 것이 '민중은 개돼지'라는 인식이에요. 민중이 주체가 아니라 그저 시혜의 대상이기만 하다는 의식이 담긴 말이에요.

　이런 의식은 사회 전체로도, 전문가 집단에게도 위험합니다. 자칫하면 전문가의 특권에 대한 사회적 증오를 불러일으켜 전문 지식 자체를 무너뜨릴 수 있어요. 특권을 무너뜨리려다 전문 지식의 전문성 자체를 무너뜨리는 일이 발생할 수 있습니다.

0과 1의 세계의 공부

지현　앞서 선생님께서 한국 과학 교육의 문제점을 짚어주셨지요. 제 식으로 말하자면 '0과 1의 세계의 공부', 그러니까 모든 것에 명백한 정답이 있는 공부예요. 하지만 정치와 사회에서, 삶에서, 0과 1의 논리로 해결할 수 있는 문제는 오히려 드물어요.

　앞서 저희가 '문과' 학생이라는 표현을 썼는데, 교육 과정에서 문·이과 구분이 사라진 지 한참이잖아요?* 하지만 여전히 이를 둘러싼 이야기가 많이 나오고 있어요.

우리 머릿속에 여전히 문·이과 프레임이 존재한다는 게
놀랍습니다. 우리도 누군가의 성격이나 가치관을 문·이과,
예체능으로 나누어서 이해할 때가 있잖아요. 학생들이 자기
성향에 따라 그중 하나를 선택하고, 이후에 그 계열에서
공부를 계속하면서 성향이 강화되고 그걸로 자기 자신을
규정하게 되니까, 학교 이후의 삶에도 이런 프레임이
가치관과 생각에 영향을 미친다는 것을 부정하기 어려워요.
서로가 서로를 이해하는 데에도 직관적으로 도움이 되고요.
'아, 너는 이과여서 그렇지' 하면서 오해가 풀릴 때도
있잖아요.

기호: 맞아요. 지금은 통합되었지만 학생들을 포함해서 한국

---

* 교육부는 2014년 9월 '2015년 교육 과정 개정'을 발표하며 문·이과 통합 교육을 전면에 내세웠다. 고교에서는 공통 과목(국어·수학·영어·한국사·통합사회·통합과학 등)이 신설되었고 학생은 적성에 따라 선택 과목을 고를 수 있게 되었다. 이후 대학수학능력시험 또한 2022년도부터 '공통+선택 과목'의 구조로 전환되며 문·이과 구분 없이 탐구 영역의 선택 범위가 확대되었다. 그러나 문·이과가 정말 통합되었다고 생각하는 학생과 학부모는 거의 없다. 대학이 여전히 인문·자연 계열을 나눠 선발하기 때문에 입시 교육 또한 이를 따를 수밖에 없는 것이다.

여기서 문·이과의 유불리 문제가 제기되었다. 다수 대학에서 과학 탐구 선택자만 자연 계열 학과에 지원이 가능하다고 공표한 한편, 이과생들은 높은 수학 과목 표준점수로 인문·사회 계열 학과에 교차 지원하고 있다. 2024년, 교육부는 이과생의 문과 교차 지원 문제를 해결하겠다고 나섰지만, 실질적인 방안 없이 일부 대학이 자연 계열 선택 과목 지정을 폐지하는 대응으로 마무리되었다. 통합 교육은 학생들이 문·이과 구분에 얽매이지 않고 다양한 계열에 지원하도록 하자는 취지에서 도입되었으나, 사실상 문과생의 자연 계열 진학이 불가능하거나 가능하더라도 매우 불리한 것으로 나타나 실효성이 없다는 평가를 받고 있다. 한편 교육부는 2027학년도 수능 또한 기존 체제 그대로 진행하기로 발표했다.

사회는 여전히 문·이과를 구분합니다. 어떤 학생은 수학을 못해서 할 수 없이 문과에 왔다고 말해요.

역사를 따져보면 먼저 문리 대학이 있었어요. 문과의 문(文)과 이과의 이(理)가 결합된 '문리'라는 단어처럼 문리 대학은 이치, 즉 근본을 공부하는 곳이었어요. 수학, 철학, 역사학에 대한 배움 없이 이치를 따질 수 없다고 보았어요. 근본 이치를 따진다는 것은 곧 정신을 공부한다는 뜻이고, 이 기반 위에 공학과 상업이 만들어집니다. 그런데 언젠가부터 문리가 두 개로 쪼개져서 받아들여지는 게 굉장히 신기해요.

문리라는 단어를 보면 배움의 본질이 무엇인지 알 수 있어요. 배움은 이치를 '읽는' 역량을 키우는 과정이에요. 문과는 인문(人文)을 공부하고, 인문학은 사람의 무늬를 읽는 학문입니다. 고대 중국에서 거북 등딱지에 열을 가해서 만들어지는 무늬를 보고 운을 점친 것처럼(이를 기록하기 위해 생겨난 상형문자가 갑골문이지요) 사람에게도 무늬가 있다고 본 것이지요. 실제로도 그렇잖아요. 손의 거칢을 보고 누군가의 직업을 짐작할 수 있습니다. 색이 어떤지, 어디가 유독 거친지, 어디에 굳은살이 있는지 무늬를 보면 알 수 있어요. 나아가 무늬만 보고는 드러나지 않는 이야기를 읽는 것이 인문학의 핵심이에요.

자연계 역시 마찬가지예요. 자연계에 해당하는 이전 이름이 아마 천문(天文), 하늘의 무늬일 것입니다. 하늘의 수많은 별은 그저 무질서하게 늘어서 있는 게 아니에요. 하늘에 별이 떠 있는 이치가 있고, 움직이는 질서가 있습니다. 그 질서에도 이치가 담겨 있고요. 그래서 천문학은 먼저 별의 흐름을 읽습니다. 흐름이 보이니 질서에 따라 흘러가는 존재가 보이고, 그를 별자리라고 부르면서 각각에 이름을 붙입니다. 그러면 별자리들이 일정하게 흘러가는 길이 보이고, 그 길에도 이름을 붙입니다. 읽는 행위를 통해 이름을 붙일 수 있고, 이름을 붙이고 나면 그 이름을 읽는 것이 곧 질서와 이치를 읽는 것이 됩니다. 이처럼 읽는다는 것은 이름을 읽는 것과 동시에 그 이름으로 나타나는 질서와 이치를 읽는 것이에요. 여기서 나아가 그 이름을 질서와 이치에 맞게 수정하는 것까지가 바로 읽는 것입니다.

이런 점에서 읽는 역량을 키우는 것이야말로 배움의 본질이라고 할 수 있어요. 물론 배움에는 반복 훈련을 통해 능수능란해지는 과정이 당연히 포함되지만, 배움은 훈련을 넘어 이치를 파악하고 그 이치에 붙여진 이름을 배우는 것이에요. 이름을 단어(word)로 배우는 게 아니라, 이치와 의미를 포함하는 언어(language)로 읽는 것이지요.

문제는 공부의 과정에서 언어에 대한 지향을 잃은 채 단어만 배울 때 일어납니다. 단어가 곧 언어라고 착각하는 거예요. 물론 단어만 배워도 충분히 기술적으로 활용할 수 있습니다만, 거기에 언어가 빠지면 파편화된 전문 용어만 남을 뿐 전문 용어를 포괄하고 초월하는 정신에 대한 지향성은 사라지지요. 이 지향성이 사라진 전문 지식은 위험해요.

지현 어느새 공부가 지향을 잃어버린 채 정답 찾기 게임으로 변질됐어요. 과거의 바람직한 리더상이 사람들의 말을 오랫동안 듣고 수기하며 거듭 설득해 합의를 이끌어내는 사람이었다면, 지금은 깔끔한 의사 결정과 논리의 세계에 익숙한 사람이 주도권을 얻어요. 이런 사고방식에 익숙하다 보니 성인이 된 이후 삶의 딜레마에 대한 의사 결정을 내릴 때 굉장히 어려워합니다. 명백하지 않으니까요. 그래서 끝없이 물어봅니다. 대학 때는 에브리타임에, 취업을 하면 블라인드에 들어가서 지금 방식이 맞냐고 계속 묻지요.

명백한 답을 찾으려는 사고방식이 너무나 오랜 시간 동안 한국 사회에서 주도권을 얻어왔어요. 확실하고 반론 없는 정답을 원하는 사고를 어릴 때부터 체계화해서 모두가 정답이라고 인정하는 선택을 하려고 해요. 입시에서 학교 등급을 나누고, 집이나 자동차를 사거나 사람을 만날 때도 마찬가지입니다. 직장을 구할 때도 거리, 연봉, 복지 등을 하나하나 계산하면서 정답을 얻길 바라지요. 하물며 요즘은 결혼도 마찬가지예요. 결혼정보회사가 학벌, 연봉, 직장, 키, 외모, 부모의 자산을 점수화해서 회원의 등급을 매기는데, 결국 결혼 상대도 최적의 정답이 있다는 뜻으로 읽히기도 합니다.

　아이러니한 건, 갈수록 사회적으로는 인문학을 중요하게 여기고 인문학을 공부해야 한다고 말합니다. 0과 1의 세계의 공부가 무언가 중요한 것을 빠트린 공허하고 얕은 사고라는 걸 본능적으로 느끼는 거예요. 하지만 그조차도 독서나 토론처럼 오랜 시간 동안 정답이 없는 사유를 견뎌야 하는 활동보다, 〈오분순삭〉같이 유튜브가 순식간에 정리한 정보를 스낵처럼 소비하면서 인문학도 한다는 지적 포만감만 느껴요. 결국 의미와 맥락에 대한 성찰이 없는 얕은 지식만 쌓이고 0이거나 1인 정답지만 남습니다.

기호　물론 명쾌하지 않으면 견디기 힘들지요. 특히 공부하는 사람 입장에서는 자신이 가진 생각이 깔끔하고 명료하게 맞아떨어지기를 원합니다. 그러지 않으면 견디기 힘드니까요. 하지만 그래서 오히려 우리는 한계에 예민해져야 합니다. 이것이 왜, 어떤 점에서 명쾌하지 않은지 살피면서 한계를 인지하고 받아들이는 게 중요해요. 저는 이게 인문·사회과학뿐만 아니라 자연과학에서도 마찬가지로 중요하다고 생각해요.

　지금 맞닥뜨린 한계가 언젠가는 해결될 수도 있겠으나 그렇다 해도 또 다른 한계가 나타나잖아요. 답과 함께 한계를 보는 것이지요. 그런데 학생들은 이런 과정을 잘 못 견디는 것 같아요. 문제를 찾아가는 '과정'이 아니라 '정답'

중심의 공부가 되다 보니까요. 『수능 해킹』[2]에서 이야기하는 것처럼, 정답을 찾아가는 과정을 자꾸 일종의 해킹으로 바라보는 겁니다. 문제의 약점을 파악해서 최단기간에 해결할 수 있는 일종의 꼼수를 찾는 게 공부라고 생각하고 그걸 '안다'고 착각하는 양상이 보여요.

지현 하물며 국어 문제에서도 똑떨어지는 정답이 있잖아요. 어느새 국어를 잘한다는 건 문해력이 좋다, 우리말을 감칠맛 나게 잘한다, 단어를 적재적소에 사용해서 문장 구성을 잘한다는 의미가 아니라, 실수 없이 답을 찾아내는 요령이 좋다는 뜻이 되어버렸어요.

그렇다고 시험을 주관식으로 바꾸자거나 토론식 수업을 하자는 말은 못 하겠어요. 분명한 정답이 있어야 서로 안심할 수 있으니까요. 부담이 클수록 반론 불가능한 정답이 있는 문제를 만들려는 경향은 더 커지고요.

기호 『수능 해킹』의 저자는 이런 양상이 학력고사에서 수능으로 오면서 더 심각해졌다고 봅니다. 아, 물론 이렇게 말할 때 조심해야 하는 것이, 그때나 지금이나 수능이 암기 위주라고 생각하는 것은 착각이에요. 문제를 풀어본 분들은 알겠지만 지금 수능 시험의 문제 자체는 단순 암기로 풀 수 없는 문제들이 많아요. 고도의 사고력과 추리력, 지식을 종합하는 역량을 요구합니다. 문제는 단순 암기만으로는 풀지 못하게, 사고력으로 해결하도록 사지선다형 문제를 만들었는데 이 루트가 지금 해킹되었다는 거예요.

'역추산'이라고도 하는데, 시험 문제가 어떻게 나왔는지 추적하면 지문을 다 읽지 않아도 돼요. 오히려 다 읽으면 헷갈려요. 문제를 읽고 해킹하는 방식으로 풀면 답이 명확하게 보입니다. 개념상으로는 의미가 상통하지만 정확하게는 그 단어가 아닌 선지가 있거든요. 그래서 지문에 나오는 단어가 선지에 있는지 없는지 보는 거예요.

그렇게 추적을 하면 선지에 비슷비슷한 단어 중 유사하지만 다른 단어가 딱 하나 있어요. 그러면 지문을 다 이해하지 못하더라도 정답을 맞힐 수 있습니다. 이를 저자가 '수능 해킹'이라고 일컬으며 '해킹'이라는 표현을 쓰는데, 저는 우리나라 시스템 전반이 그런 식으로 해킹되었다고 봐요. 해킹에 익숙해지면서 그게 정답이라고 생각하지요. 정답이 있고 없고를 가르는 것 자체도 문제지만, 정답을 맞히는 과정 자체가 공부의 관점에서 보면 굉장히 문제적이에요.

지현 수능은 너무 큰 책임이 따르는 시험이잖아요. 수능뿐만이 아니에요. 저는 정신건강의학과 전문의 자격 시험의 출제자로 오래 일했어요. 대한의학회에서도 논란이 될 문항을 만들어서는 안 된다고 주의를 줍니다. 좋은 문제를 만들기보다 소송이 걸릴 문제, 답이 두 개라고 이의가 제기될 때 할 말이 없어지는 문제를 만들지 않는 데 공을 기울여요. 그러려면 분명한 근거가 있어야 하고요. 그러니 '정답'이라는 것이 갖는 영향력이 불가피하게 커질 수밖에 없어요.

그렇지만 정답이 존재해야만 공부를 평가할 수 있는 것은 아니에요. 경영학과라면 경영학과에서 뽑고자 하는 인재상이 있고 그 인재상이 가져야 할 자원이 있지요. 그 자질들을 충분히 겸비하고 있는지 평가하는 문제를 내야 할 겁니다. 아니면 면접에서 물어볼 수도 있고요. 하지만 50만 명에 육박하는 수험생이 응시하는 수능은 그래서는 안 돼요. 주관식, 특히 서술형 문제를 좋아하는 사람들은 프랑스의 바칼로레아*를 운운하지요. 한국 사회에서 바칼로레아의 채점 방식을 인정하는 사람이 얼마나 될까요? 논술 시험은 학생의 숨통을 틔우는 정도로만 시행하는 게 최선이겠지요.

더구나 수험생의 부모 또한 0과 1의 세계에 익숙한 사람들이에요. 이런 현실에서 주관식 답안을 인정할 수 있을까요? 사지선다형 문제를 낼 수밖에 없어요. 그렇다고 너무 간단해서도 안 되고, 개념을 충분히 이해하는 사람이 풀 수 있는 문제를 만들게 되는데 이제 역추산이 가능해진 거예요. 선생님이 말씀한 『수능 해킹』도 지문의 함정을

---

* 프랑스의 대학 입학 자격 시험이자 후기 중등 교육 종료를 증명하는 국가시험. 대학수학능력시험과 다르게 객관식 문항이 없는 것으로 유명하며 한국의 대입 논술 시험이 바칼로레아를 벤치 마킹했다.

찾아 출제자의 의도에 맞는 답을 역추산하는 과정을 상세히 보여줍니다. 어느덧 수능은 논리를 깊이 이해하고 있는지, 정보와 지식을 충분히 가지고 있는지를 평가하기보다 출제자의 의도를 잘 파악했는지를 평가하는 시험이 되어버렸어요.

이런 문제 풀이 방식에 수년간 몰두한 사람이 겪는 장기적 후유증이 무엇인지 고민해봤어요. 발화자의 말에 귀 기울이기보다 발화자가 어느 편에 서 있는지만 보고 판단을 쉽게 내리는 편향이 생길 수 있어요. 겉으로 명백하게 드러나는 표면보다, 발화자의 의도와 맥락을 자의대로 해석하는 분위기가 우세해진다면 음모론이 자라기 쉬운 토양이 만들어질 수도 있고요.

논술 시험은 또 어떨까요? 수리 논술은 답이 있어서 그나마 다행이고 풀이 과정을 보면 채점할 거리가 있는데, 인문 논술은 로또라고들 얘기해요. 등급 컷이 없는 연세대 논술 시험은 한번에 만여 명이 시험을 치러 옵니다. 그러다 보면 자기 실력보다 더 좋은 학교에 합격하는 일이 생기지요. 이건 마치 아파트 청약처럼 운의 영역 같아요. 이런 예외를 제외하고는 단답형 문제를 낼 수밖에 없는 사회가 되었어요.

정답 맞히기에만 익숙해진 사람들에게 그래서 당신이 정말 원하는 게 무엇이냐고 물으면 대답하기 곤란해합니다. 우리 사회가 아주 예전부터 만들어온, 한쪽으로 치우쳐서 기형적으로 진화한 공부가 미친 거대한 영향이에요.
삶에 정답이 있기는 할까요? 하지만 이런 사회에서 자라
어른이 되면 당연히 삶에 정답이 있다고 믿을 수밖에 없지
않을까요? 정답을 귀신같이 잘 맞힌 사람들은 성공해서
잘나가는데, 자신은 그러지를 못해서 이렇게 살고 있다고
한탄할 겁니다. 마치 내신이나 수능 성적을 받았을
때처럼요. 학생들에게 지금 필요한 건 단 하나의 정답이
아니라 삶에 정답이 없다는 사실을 받아들이는 거예요.
오랫동안 정답 찾기에 몰두한 사람에게는 쉽지 않은
일이지요.

고도화와 최적화

기호

앞서 제가 말했던 정답의 의미가 무엇이냐는 질문의
답이 지현 선생님 말씀에서 드러나는 것 같습니다. 이제
한국에서 정답의 의미는 곧 논란이 없는 거예요. 하지만
자연과학도 마찬가지고 특히 인문·사회과학에서는 논란이
많을수록 더 좋은 문제가 되기도 합니다. 더 좋은 해결책을
찾기 위해서 논쟁을 거듭하고 그 과정이 논의를 더 풍부하게
만들어요. 그런데 지금 우리에게는 그런 의미의 정답을 찾는
훈련이 너무 부족해요. 그래서 논란이 되는 걸 최대한 다
빼버리지요. 단일한 정답 찾기, 극단적인 효율성의 추구,

고도화 같은 한국 사회의 공부 방식이 유능한 무능력자들을 양산해내고 있어요.

사회학자 어빙 고프먼이 쓰는 표현을 빌리자면 우리에게는 '빈약한 공동 노선(thin party line)'만 남아 있습니다. 토론하다 보면 귀찮아지거든요. 지침을 정하는 게 우선이니까요. 논란이 될 여지를 최대한 빼면 서로 합의할 수 있는 앙상한 공동 노선만 남게 됩니다. 여기서 고프먼이 재미있게 표현한 게, '공동 노선' 앞에 '빈약한'이라는 단어를 붙였어요. 빈약한 공동 노선만 남기면서 정답을 찾는 사람들이 관심을 가지는 게 고도화예요. 문제 풀이 방법을 고도화한다고 하면 문제를 최대한 압축해서 쓸모없는 곁가지를 다 제거하고 엑기스만 남기는 것을 뜻합니다.

고도화가 곧 효율화잖아요. 기업이라면 재무부처럼 가장 효율적으로 돈을 쓰는 부서가 주도권을 가지게 됩니다. 이렇게 되면 과감한 실험이나 도전은 무모한 일이 되고 혁신은 절대 일어나지 않아요. 분명히 존재하는 정답을 논란이 없을 정도로 고도화하는 데만 익숙해지는 거예요. 저는 그 대표적인 예가 계엄 이후 대통령의 권한 대행들이 보인 행태라고 생각해요. 논쟁이 될 만한 일을 절대 하지 않으려 하는데 그게 논란을 불러일으키지요. 논쟁이 될 만한 일을 하지 않겠다는 게 논쟁이 되는 아이러니를 이해하지 못하거나 무시한 거예요. 물론 모르고 한 것인지 아니면 작정한 것인지는 면밀히 따져봐야 할 겁니다. 그에 따라

물어야 할 책임이 달라지니까요.

지현   모호함을 견디지 못하니 효율성의 고도화를 추구하게 됩니다. 4차 산업혁명이 도래한 이후에 자동화·인공지능·디지털화가 확산되면서 저숙련 일자리뿐만 아니라 중간 숙련 일자리도 광범위하게 해체되고 노동력의 양극화가 초래되고 있다는 분석이 나오고 있지요.[3] 애매한 실력자는 살아남기 어려운 구조가 될 때, 옛날에는 그래도 천 명이 나누던 것을 이제는 단 열 명이 쟁취하게 된 세계에서 사람들은 극단적인 효율화를 추구할 수밖에 없게 됩니다.

  그리고 어느새 챗GPT와 같은 인공지능이 일상의 도구가 되었어요. 이제는 지식을 많이 습득하는 것보다 지식을 활용해 큰 흐름을 파악하고 방향을 제시하는 능력이 더 중요합니다. 이런 급격한 변화를 마주하는 개인은 어떻겠어요. 그래서 참 딜레마입니다. 모호한 과정에 머무르면서 실패하고 좌절하는 것 자체가 실은 경험 축적의 시간이라는 걸 이해하기 어려워졌어요. 오직 나만 뒤처지는 것 같고, 탈락할 것 같으니까요.

  특히 그전까지 성공만 한 사람은 모호한 시간을 견디는 능력이 유독 떨어져 있어요. 애매한 중간 지대에 있다가 인공지능에 밀려 도태될 것이냐, 1퍼센트에 들어가서 독점 지위를 가질 것이냐의 갈림길 위에 서 있다고 생각한다면 그때 느낄 불안은 대단할 것 같아요. 어떻게든 능력치를

올리기 위해 애를 쓸 거예요. 남을 밀어내서라도 가장
빠르고 효율적으로 실수 없이 정답만 찾아야지요. 한 번은
몰라도 두 번의 실수는 용납되지 않는 경쟁 세계니까요.

기호 네, 너무 불안하니까요. 이 불안을 잠재울 수 있는 유일한
방법이자 최고의 방법이 '최적화된 삶'을 살아가는 거예요.
고도화해서 최적화하는 것이지요. 하지만 이런 삶은 확실한
정답이 존재한다는 것을 가정할 때만 가능합니다.

앞서 이야기한 것처럼 우리는 공부를 통해 교육 활동이
아니라 수행 평가를 해왔어요. 지침을 따라 수행을
효율적으로 최적화하는 고도화 전략만 펼쳤지요. 이런
걸 우리는 공부라고 생각했고, 여기에 익숙한 사람들이
한국의 엘리트가 되었어요. 그래서 지침이 없는 걸 너무
못 견뎌 해요. 오로지 지침을 고도화하는 데만 관심이
있어요. 그런데 지침을 따라 고도화해서 나온 결과물에 대한
피드백을 들으면 너무 화가 나는 겁니다. 이렇게까지 했는데
왜 안 되냐, 혹은 이게 왜 틀렸다고 하냐며 더 이상 못 견디는
겁니다.

제가 있는 예술계뿐만 아니라 다른 계열에서도
마찬가지입니다. 논문을 쓸 때도 레퍼런스들을 조합하고
연결해서 나의 생각, 내지는 나의 발견을 한 방울 얹어야
논문이 완성되는 거잖아요. 이 부분을 짚으면 학생들이
정말 못 견뎌 하더라고요. 이제는 화가 나는 거예요.

심정적으로는 이해가 가요. '이렇게까지 했는데 왜 내 것은 80점짜리밖에 안 되는가, 그리고 왜 나를 탓하는가.'

정답의 레이어

지현 일본과 미국의 미술 교육에서의 큰 차이를 간접 경험한 적이 있어요. 제 딸이 일본에서 미대를 다녔어요. 그 학교에서는 1학년 때 자기 전공과 상관없는 목공이나 철공 작업도 해야 해요. 교양 수업으로 듣는 게 아니라 전공 수업처럼 무언가를 만들어야 하는데, 자유 주제가 아니라 전교생이 똑같은 것을 만들어요. 정말 무의미할 정도로 사포질과 대패질을 반복해야 해요. 같은 학년의 학생 전체가 만든 똑같은 목공품을 교정에 수백 개 늘어놓은 것을 보았는데 장관이더군요.

비슷한 나이에 미국 미대를 간 아이들은 선생으로부터 하고 싶은 걸 자유롭게 하라고, 실패해도 괜찮다는 말을 들어요. 그래서 자기 이야기를 가진 학생들이 두각을 드러냅니다. 남들이 볼 때 완성도는 떨어질지 모르지만 자신이 이것을 왜 만들었는지 잘 설명하는 친구들이 주목을 받아요.

저는 양쪽 다 적절한 교육 과정이라는 생각이 들었어요. 저는 의대를 나온 사람이라 그런지 일본식 미술 교육이 아주

마음에 들었어요. 모든 영역의 기초를 탄탄하게 하면서
직접 몸으로 익히게 한다는 점에서 학비가 하나도 아깝지
않았어요. 한편으로는 한국에서 미술 공부를 얼마 하지
않은 지인의 아이가 미국의 꽤 좋은 미술학교를 가서 잘
지내는 걸 보니까 너무 기특한 거예요. 선생은 학생에게
기술은 어차피 테크니션이 도와주면 되고 네 아이디어가
중요하다고 말합니다. 이 두 국가의 상이한 교육 방식이
저는 굉장히 흥미로웠어요. 선생님이 한국의 교육 현장에서
보는 예술계 학생들은 어떤가요? 비교해서 볼 만한 지점이
있을 것 같아요.

기호   한국의 학생들은 고도화하는 공부 방식에 너무 익숙하다
보니 한 발 더 나아가는 걸 무서워합니다. 그래야 할 의미를
잘 모르기도 하고요. 어떤 의미에서는 당연하다고 생각해요.
이런 학생들에게는 만남과 경험이 필요합니다. 자신이
그동안 고도화해서 정답이라고 생각해온 것이 어떤 것을
못 하게 만드는지, 어떤 한계가 있는지 절실하게 마주하는
경험이 필요해요.

제가 강의하는 학교에서 얼마 전에 제주도 선흘리로
창작 캠프를 갔어요. 거기서 제 지도 교수인 문화인류학자
조한혜정 선생님과 최소연 예술감독이 할망(할머니)들과
공동체를 만들어서 함께 그림을 그리고 있어요. 그림이 아주
좋습니다. 지역과 삶, 역사가 담긴 그림이에요.

제 학생 한 명이 거기서 충격을 받았어요. 그림을 잘 그리는 친구였어요. 상도 받았고요. 할망들의 그림이 너무나 자유로워서, 자기도 그렇게 그리려고 하는데 손이 안 움직이더랍니다. 나중에는 패닉에 빠졌어요. 그림을 못 그리겠다는 거예요. 저에게 말한 첫마디가 "교수님, 저한테서 입시 물이 아직 안 빠졌어요"였어요.

미대 입시를 하면서 어떤 것이 아름다운지에 대한 정답이 익어버린 거예요. 입시 미술에서는 잘 그린다는 것이 무엇인가에 대한 관념이 명확히 형성되어 있어요. 그 학생의 머릿속 잘 그린 그림의 이데아 관점에서 보면 할망의 색감은 허용될 수 없었어요. 그런데 한편에서는 자신도 이런 색감을 쓰고 싶은 욕망이 있었어요. 자유로움에 대한 욕망이 있으면서도 그런 건 아름답지 않다는 관념이 이 친구를 지배했어요. 고도화에 익숙해진 한 가지 사례라고 생각해요.

그러면 방법은 하나밖에 없어요. 제가 학생에게 이 상태에서 지금 당장 탈출할 수 없다는 것을 고백하는 형태로 그림을 그려보자고 했어요. 할망이 쓰는 색감으로 신발을 색칠하면 자신이 아름답다고 배워온 것에 도저히 맞지 않으니 발상을 바꾸더라고요. 신발 그림을 도려내고 배경에 할망이 쓰는 색감으로 색칠을 했습니다. 그 시도는 성공 여부를 떠나 좋은 출발점이에요. 내가 못 하는 것을 억지로 하기보다 못 한다는 것을 드러내는 방식이거든요. 그런데 이렇게까지도 할 수 있는 학생은 굉장히 드물지요.

지현   그 학생은 자기 기준이 어디서 왔는지 알고 있네요. 아쉽게도 그조차 없는 학생들이 대부분이에요. 당연히 이게 맞지 않냐고 주장하지만 그 학생만의 고유한 생각이 아니라 입시에 의해 만들어진 관념에 불과합니다. 그 친구에게는 자각이 생겼고 그 자체가 굉장한 인사이트예요. 거기서부터 시작해서 서서히 자기 것을 만들어가는 친구들은 훌륭한 사람이라는 생각이 듭니다.

의학 같은 도제식 교육은 지침을 효율적으로 습득하는 것이 중요해요. 과거에는 지식을 욱여넣은 다음에 실습을 통해 치료를 시작했다면 요즘은 본과 1학년 정도만 되어도 '아웃풋 기반 학습'으로 먼저 실습을 하면서 공부를 해요. 예를 들면 해부학, 혈액학, 생리학을 배운 다음에 치료법을 배우는 게 아니라, 폐렴이 의심되는 환자의 소견을 바탕으로 역추산하여 치료에 접근하는 거예요. 폐 검사를 하면서 폐의 해부학 구조를 익히고, 혈액 검사로 염증 반응 수치를 살펴보면서 혈액학을 이해하고, 박테리아의 종류로 미생물학을 공부하고, 적절한 항생제의 종류를 고르는 것으로 약리학도 익히는 것이지요.

과거의 학습이 기초를 배운 후에 응용으로 넘어갔다면, 지금은 실용성을 중심으로 무엇을 달성해야 하는지 목표를 세우고, 그걸 해내기 위한 지식과 이론을 거꾸로 배워갑니다. 모듈을 수십 번 반복하다 보면 자연스럽게 기초를 다질 수 있다고 보는 것이지요. 이것이 가능한 이유는 정답이 있고 문제가 분명하기 때문입니다. 이 논리를 선생님이 가르치는 예술계 학생들에 적용한다면 혼란스러울 수도 있겠지요.

정해진 선택지 중에 무엇을 고를지는 개인의 자유이기도 하지만요, 그보다는 자신의 지식과 경험, 내지는 환자에 대한 이해가 우선이 되어야 하고, 그다음에 위험성을 고려해야 해요. 하지만 이조차도 정해진 규칙 안에서 내리기 때문에 아웃라이어가 나올 수 없는 구조예요. 그것이 의학이 가지는, 라이선스가 가지는 힘이자 면허제 교육의 특징입니다.

법률이나 부동산 등의 모든 라이선스업이 마찬가지라고 생각해요. 이 교육은 누가 받든지 간에 라이선스가 있다면 해당하는 업의 범위에서는 비슷한 결과물이 나오리라는 신뢰를 가지도록 구성되었고, 이 공부의 목적은 그 표준화된 과정을 익히는 것이에요. 어떻게 보면 평범한 인재를 제한된 영역에서 표준 생산하는 과정이라고 할까요. 실행에 앞서 이치를 깨닫기보다 정답이 정해진 영역 안에서 실행력을 갖도록 하는 것이 목적인 교육이라 볼 수 있어요.

전향적 사고와 후향적 사고

기호: 선생님 말씀처럼 프로토콜에 따라 처방을 하더라도 환자

개개인에 대한 이해를 기초로 판단을 내리고 책임을 지는 걸 배우는 게 중요하겠지요. 책임지기 위해서는 판단해야 하고, 판단한다는 것은 선택한다는 의미이기도 합니다. 그런데 저는 이 과정이 우리에게 생략되어 있고 갈수록 그 양상이 심화되는 것 같아요. 의료뿐만 아니라 대부분의 전문 영역에서요.

여기서 제가 말하는 책임은 법적 책임만을 가리키는 건 아니에요. 매뉴얼이나 프로토콜을 따랐다고 해서 언제나 정답이 나오는 것은 아닙니다. 예외나 예측 불가능성이 있으니까요. 그런 경우 법적 책임을 질 필요는 없습니다. 함부로 법적 책임을 지워서도 안 되고요.

그러나 아무리 예외적인 경우라 하더라도 전문가의 마음에는 책임이 남아야 해요. 무엇을 잘못했는지, 어떤 오판을 했는지, 어떤 데이터를 보지 못했는지 등등이요. 전문가로서는 당연하게 가져야 할 책임 의식입니다. 이 책임 의식이 있어야 전문가라고 할 수 있어요.

그런데 책임지는 것이 무섭잖아요. 그러니 한편에서는 양심상의 책임을 회피하려 하고, 예외적인 상황을 가급적 마주치지 않으려고 도망칩니다. 한덕수 전 국무총리나 최상목 전 장관도 목숨을 걸고 계엄을 막는 것이 그들 위치에서의 책임입니다. 그런데 하지 않았지요. 통상적이지 않은 상황이 벌어질 때 책임을 지도록 많은 권력을 줬습니다만, 정작 그들은 거꾸로 행동했어요. 권력은 일상적으로 누리되 비상 국면에서는 책임을 회피한 거예요. 이것은 자신의 책임이 아니었고 어쩔 수 없었다고 말합니다. 저는 우리 사회의 지도층에 오른 사람들의 대부분이 이렇게 책임을 회피하고 있는 것은 아닌가 우려하고 있어요.

지현 결국 책임은 누가 위험을 감수할지에 대한 문제예요. 전문가는 그 분야에 책임 의식이 있어야 한다는 말에 동감합니다. 그런 면에서 전문가에게 필요한 진정한 능력은 모르는 것을 모른다고 인정하는 거예요. '이건 제 영역이 아닙니다' 혹은 '이건 제가 모르는 것입니다'라고 말할 수 있어야 해요. 자기 영역과 그 밖의 영역을 분명히 하는 것이 책임의 시작이 아닐까요? 매일 오후에 방영하는 종편 시사 프로그램에서 정치, 사회, 문화, 과학의 온갖 분야를 평론하는 자칭 전문가들을 볼 때마다 책임 의식과 전문가성에 대해 생각해요. 한 분야의 전문가라고 해서 모든 걸 다 잘 아는 건 아니잖아요.

한 분야를 오랜 시간 공부하고, 또 업으로 삼아 일을 하면 불가피하게 업의 특성이 한 사람의 정체성에 많은 영향을 미치게 됩니다. 판단력, 타인과 관계를 맺는 방식, 사회를 보는 가치관 같은 다양한 것들에 말이지요. 그런 면에서 어떤 공부를 했는가, 어떤 업에 있는가는 한 사람을 가장 잘 설명하는 일일 것 같아요.

특히 어떤 일을 했느냐에 따라 세상을 판단하는 눈이

굉장히 달라진다고 생각해요. 이를 '전향적 사고(prospective thinking)'와 '후향적 사고(retrospective thinking)'의 관점으로도 말할 수 있겠습니다. 전향적 사고가 '앞으로'를 중심으로 한 사고라면 후향적 사고는 '과거'를 중심으로 하는 사고예요. 보통은 전향적 사고와 후향적 사고를 함께 활용해요. 제가 있는 의료계를 예로 들자면, 의사가 치료를 시작하는 시점에서는 끝을 알 수 없어요. 다만 이전의 진료 경험과 환자의 지난 병력을 후향적으로 평가하고 그걸 기반으로 앞으로의 치료 방식을 결정합니다. 그 이후부터는 전향적 사고에 따라서, 불확실성 속에서 무엇이 최선인지 어떻게 하면 최악을 피할 수 있는지 생각하면서 수많은 판단을 내리게 됩니다.

그런데 저는 때때로 어떤 법적 판결에서 극단적인 후향적 사고의 폐해를 보기도 합니다. 몇몇 법조인들은 어떤 사건이 벌어지면 누군가가 반드시 문제를 일으켰다고 보는 것 같아요. 과거에 일어난 일을 검토하고 잘잘못을 가리는 데 집중하는 거예요. 그 사람이 이후에 최선을 다했는지, 아니면 과정에 착오가 있지 않았는지는 중요하지 않아요. 선한 의도라 해도 나쁜 결과를 빚었다면 원인 제공자에게 책임을 물어야 한다는 논리입니다.

최근 의료계를 발칵 뒤집은 판결이 있어요. 2017년에 마취과 1년차 전공의가 데이트 폭력으로 병원에 이송된 환자를 치료하다 의료 사고를 냈어요. 경막 외 출혈이 있는 환자에게 중심 정맥관 삽입술을 하다 동맥을 관통해 사망에 이르게 했어요. 1, 2심에서는 전공의가 중심 정맥관을 삽입하는 과정에 주의의무를 다하지 못했다고 보았고, 전공의는 이에 대한 과실을 인정했습니다. 2025년 2월, 고등법원은 전공의와 폭력 가해자에게 공동으로 손해 배상금을 지급하라는 판결을 내렸어요.

논란이 된 것은 이런 것들이에요. 의사회는 응급·외상·암·분만·소아 등의 필수 의료 행위에 의사가 과도한 책임을 지게 되면 향후 의료 행위가 위축될 것이라고 반론했습니다. 이에 더해 법원이 데이트 폭력 가해자와 전공의를 '공동불법행위자'로 인정하여 가해자와 전공의를 공범으로 본 것에도 논란이 일었어요. 논지에서 살짝 벗어나지만, 저 개인적으로는 가해자와 전공의에게 4억 4천만 원의 배상금을 공동으로 지급하라는 판결이 이해가 잘 가지 않아요. 한쪽은 의도적 폭행이고 다른 한쪽은 환자를 살리기 위한 의료 행위에서 발생한 사고인데, 별개의 두 사건을 하나로 묶는다니요.

후향적 사고의 세계에서 볼 때 어떤 변호사들은 이 방식이 옳다고 합니다. '결과적으로' 같이 기소되었다는 이유로요. '인명 사고가 일어났다면 당신이 뭘 잘못했겠지. 사람이 죽었는데 처벌을 안 할 수는 없잖아?'라는 식의 논리지요. 물론 일반화를 조심해야 할 것이, 변호사가 처음부터 적극적으로 나서서 형사와 민사 소송에서 의료 사고와 가해 사건을 나눴어야 한다는 의견도 있었으나 소수에 불과했어요.

한편 판사들은 의료 사고와 형사 사건을 하나로 묶어서 전공의와 가해자에게 배상금을 나눠 내라는 기계적인 판결을 내렸어요. 전향적 사고 없이 후향적 사고만으로 판단을 한 사례예요. 저는 판사가 후폭풍을 고려했다면 이런 판결을 내렸을지 의문이 들었습니다. 지금 한국 사회에서 필수 의료 붕괴 문제가 벌어지는 가장 큰 이유 중 하나가 법적 문제예요. 자칫하면 범법자가 될 수 있다는 두려움이 의료 행위를 굉장히 위축시킵니다. 이렇듯 생각하는 틀에 너무나 큰 차이가 있는 일들이 계속 벌어지고 있어요. 이런 사례들이 우리 사회 전반의 신뢰도를 낮추고 있는 듯해 안타깝습니다.

한국의 아이히만들

기호 전향적 사고와 후향적 사고의 로직이 굉장히 다르기 때문에 서로 존중하고 이해할 필요가 있는데, 한쪽이 한쪽을 일방적으로 대하고 있지요. 이렇게 대립하는 양상이 사회를 무능하게 만들고 있어요.

그런데 저는 여기서 왜 사회가 전반적으로 무능해지고 있는지 물을 때 이들이 해온 공부 자체의 문제도 있지만,

정책을 무분별하게 심판하는 문제도 반드시 다뤄야 한다고 생각합니다. IMF 이후에 교육, 의료, 관료, 공무 쪽에서 정책을 심판하기 시작하면서 사회 전반이 소극적으로 변했어요.* 의료계뿐만 아니라 관료 사회도 그렇고 교육 사회도 마찬가지로 엄청나게 소극적이에요.

제가 하는 수업으로 예를 들면, 저도 수업에서 제가 어떤 아웃풋을 낼 수 있을지 모릅니다. 아무리 열심히 준비한다고 해도 학생들의 성향에 따라 결과가 달라질 수 있어요. 만약 제가 굉장히 도전적인 수업을 했는데 강의 평가를 포함한 아웃풋이 나쁘다면 저에게 책임이 돌아오겠지요. 그러면 이후로 필요한 실험적인 수업을 시도하지 않게 됩니다. 검증을 거친 가장 안전한 수업만 하겠지요. 앞에서 이야기한 고도화된 수업만요.

저는 국가 정책, 교육 정책, 의료 현장도 마찬가지라고 봐요. 어떤 판단으로 처방을 하거나 수술을 할 때, 그에 대한 심판이 광범위하게 면제되어야 한다고 생각합니다. 과정에 비리가 있거나 사적 이해가 결부된다면 이야기가 달라지지만요. 예를 들면 선거를 통해 신자유주의자가 집권하고 경제 및 교육 정책을 펼쳐서 나라가 엉망이 되었다

---

* 1997년 외환 위기는 관치금융의 오만과 오판에서 비롯되었다. 경제 관료들에 대한 국민 여론이 악화하자, 검찰은 강경식 전 부총리와 김인호 전 경제수석을 직무 유기와 직권 남용 혐의로 구속 기소했다. 이후 두 사람은 무죄 판결을 받았으나, 이 사건은 경제 정책 결정의 결과에 사법적 책임을 물은 첫 사례로 남아 관료 사회에 큰 충격을 주었다.

해도 저는 부정부패가 아닌 이상 처벌해서는 안 된다고 생각해요. 왜냐하면 이것은 정책의 문제이니까요.

정책은 사법적 심판이 아니라 정치적 심판의 영역입니다. 정치인이 잘못된 정책을 펼쳤다면 다음 선거에서 심판받아야 하고 낙선으로 그 책임을 지는 것입니다. 그런데 정책 자체를 법적 심판의 영역으로 가져가서 과정의 문제점 하나하나를 찾아낸다면 아무도 새로운 정책을 만들지 않으려 할 거예요. 새로운 정책이란 대부분 이미 존재하는 절차와 과정에 충돌할 수밖에 없어요. 문자 그대로 새로운 것이니까요. 여기서 꼬투리를 잡고 왜 프로토콜대로 하지 않았냐고 물으면 꼼짝할 수가 없어요. 이러면 누가 오프로드를 달리려고 하겠어요? 저는 이게 사회를 보수화하고 새로운 도전의 활력을 없애는 지름길이라고 생각합니다.

이렇게 되면 전문가 집단의 피해의식이 없어질 수가 없겠지요. 제가 처음에 말한 엘리트들의 엄청난 피해의식 있잖아요, 관료 집단도 마찬가지로 가지고 있어요. 교사나 교수들도 가능한 한 움직이지 않으려고 해요. 혁신을 시도하지 않고 가장 안전한 방법을 고도화하는 길을 택합니다. 이 과정에서 굉장히 유능한 무능력자들이 양산되고 있어요.

이번 헌법 재판관 임명에서 소위 이야기하는 법 기술자, 내지는 관료 기술자라고 하는 사람이 '지명을 한 게 아니라 발표한 거다'*라는 궤변으로 사람들을 기가 막히게 했어요. 한쪽에서는 이 사람을 아이히만과 다름없다고 봐요. 지금 같은 교육 방식으로는 아이히만 같은 인간을 만들어낼 수밖에 없어요. 『예루살렘의 아이히만』[4]에 나오는 것처럼 자신은 상부의 명령을 충실히 따랐을 뿐이라는 겁니다. 그 말인즉 어떤 가치 판단도 하지 않을 것이며 그건 자기 역할이 아니라는 뜻이에요. 그러다 보니까 어떤 것도 책임지지 않으려 합니다.

이들이 이렇게 무능력한 동시에 무책임한 가장 큰 이유는 공부를 가치 지향적으로 배운 적이 없기 때문입니다. 가치와 기술이 별개라고 생각하지요. 하지만 기술 안에는 이미 가치가 배태되어 있어요. 그런데 이러한 인식이 전혀 없이, 가치에 책임을 지고 명령을 내리는 사람과 기술적으로 집행하는 사람이 따로 있다는 의식이 발달해 있어요. 명령에 따라 기술을 집행하는 기술만을 고도로 익힌 것이지요. 그러다 보니 지명을 한 게 아니라 발표했다는 궤변이 만들어집니다.

하지만 이들이 모든 책임을 회피하는 것은 아니에요. 사회학자 지그문트 바우만의 개념에 따르면 이들은

---

* 2025년 4월, 한덕수 당시 대통령 권한 대행은 헌법 재판관 임명으로 월권을 행사한 것에 대해 "'후보자 발표'는 공권력 행사가 아니다"라며 "내부적 의사 표시에 불과한 후보자 발표라는 절차가 당사자의 권리 의무에 영향을 미치는 처분이라거나, 공권력 행사에 해당되지 않는다"고 밝혔다. '후보자 발표'는 '지명'과는 달라서 공권력 행사에 해당되지 않는다는 주장을 펼친 것이다.

'기술적 책임'을 집니다. 이 일이 누구에게 어떤 결과를 가져오는지를 생각하고 그에 대한 책임을 지는 것이 아니에요. 그보다는 이 일이 빠르고 원활하게 진행이 되는지, 안 되는지만 봅니다. 그렇게 되면 이들이 책임을 져야 할 대상은 결과에 영향을 받는 사람이 아니라 일의 원활한 진행 여부에 영향을 받는 사람, 즉 자신의 동료가 되지요. 극단적으로 말하면 아우슈비츠 정책에 의해 말살당할 위험에 처한 유대인과 성소수자, 장애인이 아니라, 정책을 집행하는 나치 동료들에 대해서만 책임 의식을 느낀다는 것입니다. 이것이 이들이 진다는 기술적 책임입니다. 한국의 아이히만들도 마찬가지예요.

지현   선생님이 잘 말씀한 것처럼 이들이 책임을 지는 대상은 같은 직역(職域) 내의 동료에 국한되고 있어요. 이러한 직역 이기주의는 사회가 발전하면서 극심해졌어요. 과거 작은 공동체일 때는 공동체의 안전을 위해서 모두 협력하는 것이 당연하다는 가치관을 공유할 수 있었는데, 공동체가 커지고 그 안에서 집단이 분화되면 어느 순간부터는 자기 집단을 지키는 것 자체가 더 중요해집니다. 가령 스무 명짜리 조그마한 스타트업 벤처가 급성장을 해서 천 명 규모의 회사가 됐다고 쳐요. 소규모 집단일 때는 타운홀 미팅으로 다 같이 모였지만, 회사가 커지면 불가능해져요. 그렇게 되면 결국 자신이 속한 직역, 영업이면 영업, 생산이면

생산, 기획은 기획 영역에 국한해서 각자의 조직 이익을 극대화하는 방향으로 노선을 틀게 되거든요. 어찌 보면 당연한 일이에요. 비난하겠다는 게 아니라, 바로 그런 일이 지금 한국 사회에서도 벌어지고 있다는 겁니다.

미국의 IBM이나 제너럴모터스 같은 기술 중심 회사의 경영을 비슷한 사례로 들 수 있겠어요. 20세기 중반부터 재무·회계 부서의 인력이 실권을 잡으면서 기술 투자를 등한시하고 단기간에 수익성을 올리는 데 집중하다 결국 회사가 장기간에 걸쳐 쇠락하게 되었어요. 단기 비용 절감을 최우선으로 추구하니 과감한 투자를 하지 않게 되고, 이로 인해 기술 발전이 더뎌져 창의성을 갖춘 인재가 회사를 떠나게 되었어요. 이런 현상을 가리켜 콩 한 알과 같이 세세한 것에 집착하는 '빈 카운터스(bean counters)'가 지배하는 회사라고 합니다. 최근에 본 뉴스에서 삼성전자의 위기가 이 시기 미국 대기업의 예시와 함께 나오는 걸 봤어요. 삼성전자가 오랜 시간 반도체 기술의 혁신을 이루어왔는데, 최근 들어 선두에 서지 못하는 이유가 빈 카운터와 유사한 재무·회계 인력이 주도권을 쥐었기 때문이라고도 말하더군요. 우리나라도 미국과 유사한 과정을 거치는구나 싶었어요.

아쉬운 것은 회사의 사정이 나빠져도, 혹은 사회가 어려워져도 결과에 책임질 사람이 없다는 것입니다. 각자 자기 자리에서 최선을 다해 자기 직역을 위해서 일했을 뿐이니까요.

기호   사회가 복잡해지면서 분업이 나타나는 건 너무 당연한데, 그렇다면 그 분업의 결과로 나타나는 분절화와 파편화를 조정하는 역할이 필요하잖아요. 대개 정치가 그 역할을 하며 사회를 통합한다고 말하지요. 그런데 한국뿐만 아니라 전 세계적으로 정치가 다른 영역과 분리되는 경향이 나타나고 있어요. 정치가 일종의 전문 직역이 된 거예요.

정치가 전문 직역이 되면 정치인의 대다수를 법조인 출신이 차지하게 됩니다. 정치가 주로 입법부를 중심으로 작동하니 법을 잘 아는 사람이 정치를 하는 것이지요. 정치에 인문과 자연, 예술계를 포괄한 다양한 직종이 모이는 것이 아니라, 특정 성향의 특정 직종이 많이 모이는 편향이 두드러지고 있어요. 법을 만드는 일이다 보니 법을 잘 알아야 한다는 생각에서 이렇게 된 건데, 꼭 그런 건 전혀 아니에요. 아테네 민주주의가 추첨제로 공직자를 뽑았던 이유 중 하나도 정치가 독자적인 영역이어서는 안 된다고 생각했기 때문이에요.

특정 직종이 많아지는 것도 문제입니다만, 이 직종의 특징이 '기술적'으로 적용될 때 문제는 더 심각해집니다. 특히 법이 기술적으로 이용되는 것은 대단히 위험해요. 법에는 기술뿐만 아니라 '정신'이 있고, 정신을 중심으로 기술을 통제하여 법의 본래 취지를 살리는 것이 바로 정치의 역할이에요. 정치가 이 역할을 못 하게 되거나, 혹은 정치가 정신과 유리된 기술자들에 의해 통제되면 기술만 남고 법의 정신은 죽어버립니다.

이번 12·3 계엄에서 파면, 그리고 대통령 선거로 이어지는 국면에서 재미있었던 것 중 하나가, 임지봉 교수가 최상목 부총리에게 '너무 당연하기 때문에 법조문에 없다'*고 말한 장면이에요. 너무 당연하기 때문에 언어화할 필요도, 법으로 규정화할 필요도 없는 상식적인 영역이 있어요. 물론 이것도 조심스럽게 바라봐야 해요. 상식 수준에서는 문제가 없더라도 제도를 운영하는 입장에서는 상식이라는 기준이 너무 느슨하기 때문입니다. 기술적 전문가가 필요한 이유가 여기서 나와요. 비전문가들은 뭘 그렇게까지 생각하냐면서 지나치지만 전문가의 관점에서 볼 때는 더 촘촘하고 정교한 장치가 필요합니다. 그 정교한 장치가 없으면 제도 전체가 작동하지 않을 수 있어요. 이런

---

* 2025년 4월 16일 열린 '기획재정부 장관 최상목 탄핵소추사건 조사' 청문회에서 임지봉 서강대 법학전문대학원 교수는 최상목 당시 부총리가 위법 상태를 지속하고 있다고 지적했다. 임 교수는 국회가 헌법 재판관으로 선출한 마은혁 후보에 대한 임명장을 최 부총리가 교부하지 않은 행위가 국회의 선출권을 침해한 것이라며, 헌법재판소가 이미 이를 인용 결정으로 인정했음에도 불구하고 최 부총리가 여전히 임명장을 교부하지 않고 있다고 비판했다. 임 교수는 헌법재판소법 제66조 2항이 '결정의 취지에 따른 처분을 해야 한다'고 규정하는 만큼, 인용 결정이 내려졌다면 그 위헌 상태를 지체 없이 해소해야 할 의무가 있다고 설명했다. 이어 '지체 없이'라는 표현이 법조문에 명시되어 있지 않더라도 이는 너무나 당연한 의무이기 때문에 굳이 법조문에 적시되지 않은 것이라며, 지체 없이 임명장을 교부하지 않은 것은 결국 위법 행위의 지속이라고 비판했다.

점에서 제도를 정교하게 만드는 관료의 전문성을 상식 수준에서 판단해서는 안 됩니다. 공부는 이런 정교함을 다지기 위해 필요해요.

그럼에도 불구하고 상식을 넘어서 정신의 수준에서 볼 때 불필요한 장치를 만들 때도 많습니다. 이런 장치들은 제도와 관료가 자기의 존재 필요성을 스스로 부여하기 위해 만든 절차와 과정인 경우가 태반이에요. 제도에서 절차와 과정은 한번 만들고 나면 반드시 거쳐야 하는 것, 반드시 필요한 것이 됩니다. 애초의 정신으로 볼 때 더 번거롭고 방해되는 것은 아닌지 따지는 것은 나중 문제가 되지요. 선생님과 제가 몸담고 있는 학교라는 제도도 마찬가지예요.

나아가 더 문제가 되는 것은 관료들이 자기 이익을 방어하기 위해 제도의 빈틈을 교활하게 악용할 때예요. 이런 경우는 정신에 완전히 반합니다. 관료들이 이렇게 움직이기 시작하면 제도에 대한 대중의 신뢰가 붕괴하겠지요. 정신에 반하는 정도가 아니라 공동체 전체를 무너뜨릴 수 있는 위해를 가하는 행위예요. 정치는 이런 행위를 엄격하게 통제해야 해요. 그렇지 못하면 정치가 무력해지는 결과를 가져옵니다.

관료들이 이렇게 움직일 수 있는 기반이 '말(word)'이에요. 정치도 그렇고 행정도 다 말로 이루어져 있지요. 전문 직역은 자신들끼리만 알아듣는 말을 사용합니다. 왜냐하면 앞서 말한 것처럼, 이들이 상식적이지만 느슨한 언어가 아니라 빈틈의 여지가 없을 정도로 매우 정교하게 세분화된 언어를 사용해야 하기 때문이에요. 그래야 빈틈을 악용하는 일이 벌어지지 않으니까요.

문제는 이 말들이 '단어(word)'로만 작동하는 경우예요. 이럴 때 말은 애초의 의미, 입법 취지, 혹은 그 말의 본질인 '언어(language)'를 배신합니다. 말은 많은데 말만 많고 언어는 없이 정신을 배신하는 상황이 벌어집니다. 스웨덴의 시인 토마스 트란스트뢰메르는 「1979년 3월에」에서 "말로, 언어는 없고 말로 다가오는 사람들이 지겨워 눈 덮인 섬을 향한다"고 썼어요. 시인은 "언어, 말 없는 언어"를 만납니다. 물론 그가 노래한 것은 언어와 말, 그리고 인간이라는 존재의 숙명에 대해서이지만, 이 시구는 지금 관료 기술자들이 법의 정신을 어떻게 기술적으로 배반하고 있는지에 대해 적용해도 전혀 무리가 없다고 생각해요. 어떤 정신이 들어가 있는 것이 '언어'라면 입에서 나오는 대로 그냥 떠드는 게 '말'입니다. 솔직히 말하면 이게 우리 사회에서 많이 공부했다는 전문가들, 특히 법 기술자들의 태도예요. 정신은 사라지고 분절화된 말만 남아 있어요.

직역의 세계

지현

법 기술자가 궤변을 늘어놓으면서 위기를 빠져나가려는 현상을 보다 보면, 이제는 애초에 제도가 왜 존재했는지 누구도 궁금해하지 않는 것 같아요. 문자 그대로의 자의적 해석만 남아 있습니다. 왜 이런 규칙이나 법이 명문화되었는지에 대한 맥락은 어디론가 사라져버렸어요.

의사, 법조인, 언론인, 학자, 정치 관료 등 각각 직역의 전문성은 갈수록 고도로 발전하고 있어요. 직역이 가진 철학, 이론, 지식, 정보의 수준은 무척 깊어지는데, 그게 일종의 벽으로 작용하고 있어요. 깨달음의 영역이 확장되는 것은 긍정적인 일이지만 그만큼 다른 영역과의 단절은 깊어진달까요.

이런 그림을 상상해보면 어떨까요? 사람들이 땅에 삽질하면서 흙을 파고 있어요. 금, 은, 동을 캐내는 구덩이들이 보입니다. 파면 팔수록 광물 양은 더 많아지고, 구덩이 가장자리에는 흙으로 쌓아 올린 벽이 높아집니다. 가끔 하늘을 보려고 구덩이에서 나와도 이제는 토벽에 가려져 다른 구덩이가 보이지 않아요.

이 그림의 핵심은 모두가 이해할 수 있는 일반론이 점점 사라지고 있다는 겁니다. 모두가 자기 관점에서 문제를 바라보고 한편에서는 써 있는 문구만을 자의적으로 해석하는 문자 그대로의 해석학이 만들어지고 있어요. 그

해석의 기준은 직역의 가치관이고요. 자기 직역에 깊이 파고들어 얻어낸 지식을 다른 모든 영역에 똑같이 적용하려 하고 그 논리가 통할 거라고 믿고 있어요. 한 직역에서 일가를 이룬 것은 인정할 일이지만 그게 모든 것에 다 통하는 게 아닌데도 말입니다. 자기 영역에서는 이미 도가 트였다고 믿고, 후학이나 동료들에게 가르침을 주는 구루가 되어 있으니까요. 그럴수록 더 조심하고 겸손해야 하는데 말입니다.

제가 엮여 있는 사건으로 보자면, 의정 사태도 각자 자신의 직역에서 보고 있어요. 의료계에서도 교수와 전공의, 개원의, 의사 협회의 입장은 모두 다를 수밖에 없어요. 모두 다 자기 직역이 어떻게 생존할 것인지를, 그리고 직역의 가치관을 어떻게 유지할 수 있을지를 가장 중요하게 봅니다.

지금의 정치와 국회 또한 헤게모니를 가진 일부 정치인과 관료의 가치관을 대변하는 구조가 되어버렸어요. 자기 논리로 정치 문제를 보는 데 매우 익숙하고, 그 논리를 사회 전체를 파악하는 눈으로 확장합니다. 그런데 그걸 제어할 방법이 없고요. 자기 구덩이에 들어간 채로 고개만 내밀어 소리를 지르고 있어요. 자기 직역의 논리대로 본다면 매우 치밀하고 질서 정연해 보이지만 외부와의 접점을 만들기는 어렵습니다. 당신이 틀리고 당신이 이해를 못 해서 그렇다며, 답답한 심경만 남긴 채 등을 돌릴 뿐이에요.

2차 불안 사회

지현

선생님도 앞서 말씀했듯이 인간의 삶에서 불안을 없앨 수는 없어요. 언제 죽을지, 언제 경쟁에서 밀릴지, 자기도 모르는 새 위험한 곳에 던져질지 모릅니다. 이렇게 인간이 상시 경험하는 불안을 '1차 불안'이라고 할 수 있습니다. 사회 공동체가 발전하면서 인간은 1차 불안을 줄이기 위해 규칙을 만듭니다. 구성원 모두가 규칙을 지키고 있다는 믿음이 생기면 1차 불안은 줄어들어요. 그런 면에서 입법은 1차 불안을 줄이기 위한 시스템이지요. 법과 가치관, 윤리, 도덕의식이라는 것도 1차 불안에서 시작되고요.

그런데 사회의 긴장도가 올라가거나 사회가 고도로 발달하게 되면 이번에는 '2차 불안'이 생기게 됩니다. 규칙을 지키지 못할까 봐 불안해지는 거예요. 그때부터는 규칙을 만든 이유에 대해서는 생각하지 않고 규칙을 엄수하는 것이 더 중요해져요.

예를 들어 7시에 만나자고 약속한다면, 시간을 정하지 않으면 누가 언제 올지 알 수 없으니까, 마냥 기다리는 게 불안하고 혹은 만나지 못할까 봐 불안해서예요. 이를 1차 불안이라고 한다면, 어느 순간부터 약속 시간에 5분이라도 늦을까 봐 불안해지고 약속을 엄수하기 위해 애를 쓰게 됩니다. 10분만 늦어도 '늦을 것 같아. 지금 어디야?'라고 문자를 보내고요. 이렇게 1차 불안 때문에 발생한 불안을

2차 불안이라고 할 수 있어요. 어느 순간부터 우리 사회에 1차 불안보다 2차 불안이 양적으로 더 많아진 것 같아요.

    공부의 관점에서 보면, 모르는 것을 알고 싶은 욕구, 잘 모른다는 인식에서 만들어지는 불안이 1차 불안이에요. 그걸 해소하기 위해 시험이라는 게 있고요. 그런데 언제부터인가 시험을 잘 봐서 높은 등수를 따내려는 욕구가 더 강해져요. 2차 불안이 핵심이 되어버리는 겁니다. 왜 공부를 하는지, 내지는 왜 이런 가치들을 추구하는지 같은 본질에는 어느새 아무도 관심을 두지 않고 더 높은 성적과 등수를 얻는 게 더 중요해졌어요. 내신 점수를 성실하게 얻는, 백 점 맞는 게임 경쟁의 세계로 들어가게 된 거예요.

기호   선생님께서 말씀한 1차 불안은 상대적으로 해결하기 쉽습니다. 시간이 걸려도 원인을 파악하고 해법을 찾으면 됩니다. 코로나-19가 갑자기 유행했을 때 초기에는 우왕좌왕했지만 백신을 만들었고, 불편했지만 사회적 거리두기와 마스크 쓰기의 생활화라는 해법을 찾았던 것처럼요.

    그런데 이 과정에서 몇몇 국가들의 사례처럼 음모론이 대두되고 대세를 이루면 문제가 심각해집니다. 음모론이 목표로 삼는 것이 제도에 대한 불신이에요. 그들의 의도대로 사람들이 제도를 불신하게 되면 걷잡을 수 없는 불안과 공포가 닥칩니다. 아무도 믿을 수 없어지니까요. 지그문트 바우만은 『유동하는 공포』[5]에서 이러한 공포를 '파생적 공포³라고 했어요.

　파생적 공포의 특징은 공포가 자가 증식한다는 거예요. 믿을 수 있는 게 없다 보니 생각하면 생각할수록 모든 것이 의심스럽고 불안해져요. 제도가 하는 말 일체를 믿을 수 없고 그 뒤에 어떤 음모가 도사리고 있다고 생각하게 됩니다. 대표적으로 부정선거론이 있지요. 제도가 아무리 해명을 하더라도 그 안에서 끊임없이 이상하고 미심쩍인 것을 발견해요. 그리고 제도의 해명은 미심쩍인 것을 감추기 위한 것이라고 보게 되니 의심과 불안은 갈수록 커집니다.

　나아가서는 익명의 사람들뿐만 아니라 친숙한 이들 역시 믿지 못하게 됩니다. 코로나 위기 때 아무도 믿을 수 없었잖아요? 버스에 탄 사람, 카페에서 만난 사람 모두를 불신하고 경계했어요. 나치가 반(反)유대인 정서를 유포할 때도 마찬가지였어요. 가장 믿던 유대인 친구조차 가장 믿을 수 없는 존재로 만드는 데 성공했지요. 이렇게 불신과 불안, 공포가 끝없이 자가 증식합니다.

　또한 파생적 공포는 안전의 개인화를 불러옵니다. 아무도 믿을 수 없으니 자신을 스스로 지켜야 하고 타인에게 자신의 안전을 맡길 수 없어져요. 초기에는 보안을 강화하는 정도겠지만 정도가 심각해지면 개인은 무장을 하기 시작합니다. 법이 허용하는 범위에서 무장하는 것에서 나아가 법을 넘어서서 무장하게 되면, 폭력의 통제로 작동하는 근대 시스템 전체가 붕괴하게 될 겁니다. 이것이 더 큰 공포를 불러오고 사람들은 더 강력한 공권력을 요청하게 되겠지요.

국가권력의 입장에서 본다면, 국가는 불신의 대상이기도 하지만 다른 한편에서는 더 무장할 수 있는 기회를 얻습니다. 이걸 국가가 마다하지 않겠지요. 지금 서구에서 미국을 중심으로 확산되고 있는 이주민에 대한 공포, 그에 대한 반응으로 법을 넘어서는 방식으로의 이주민 통제와 추방이 대표적인 사례예요. 이처럼 파생적 공포는 불신에 기초합니다. 개인의 무장을 부르고, 더 강력한 국가권력과 공권력을 만들어내고, 이주민이나 정신과 치료를 받는 사람 등 특정 집단을 범죄시하여 사회로부터 격리하려고 합니다.

사회의 부족화

지현 학력고사가 시행된 1981년부터 현재의 수능에 이르기까지, 50년 가까운 시간 동안 우리 사회가 공부만이 유일한 정답이라고 믿고 살아왔다고 봐도 과언이 아닐 겁니다. 소위 '86세대(80년대 학번 60년대생)'라고 하지요, 1960년대에 태어나 학력고사를 치른 세대가 이제 중장년층이 되어 사회의 허리를 차지하게 되었어요.

기호 저는 세대론은 부정하지만 교육과 관련해서는 하나의 코호트 집단으로서 세대가 가진 특징이 있다고는 봅니다. 계급적 배경에 따라 달라지긴 하겠지만요. 이런 관점에서 중산층을 중심으로 1960년에서 1970년대에 태어나 한때 진보 정치 이념을 가졌던 사람들이 부모로서 보이는 공통적인 특징이 있어요. 자신이 부모 세대와는 다르다고 생각하지요. 부모 세대는 억압적이었지만 자신들은 자유롭고 민주적이라는 착각을 하고 있어요. 시점(視點)의 관점에서 이 문제를 본다면, 이들은 전지적 작가 시점으로 아이들을 위에서 내려다보고 있어요. 이러한 시점은 그들의 부모 세대보다 훨씬 더 강화되었어요.

이들이 그들 부모 세대보다 더 무서운 이유는 자녀가 읽는 책을 대충 다 안다는 것입니다. 예를 들어 저는 『왕비열전』을 초등학생 때부터 읽었어요. 부모님이 장식장 전시용으로 사놓은 전집이었어요. 아시는 분은 아시겠지만, 그 안에는 온갖 성적인 묘사가 다 나옵니다. 제 부모님은 검열하지 않았어요. 안 읽으셨고 내용을 몰랐으니까요.

반면 지금의 부모 세대는 그전 세대보다 교육 수준이 전반적으로 높아졌어요. 자녀가 읽는 책을 훤히 아는 경우가 많아요. 알면 통제하고 싶어지고 그냥 두기 힘들어져요. 이를테면 초등학생 자녀가 전태일 열사의 평전을 읽고 싶다고 하면 진보적인 부모는 장려할까요, 아직은 이르다고 판단해 근심할까요? 이건 어떤 부모의 실제 사례이기도 합니다. 자녀의 발달 단계, 책의 수준, 현 상황 등등을 너무 많이 알다 보니 통제하고 싶어 합니다. 그런데 자신의 통제 욕구를 인정하는 사람들은 많지 않아요. 자유롭게 소통하면서, 아이를 충분히 기다리면서, 폭력적이지 않은 방식으로 양육하고 있다고 생각해요.

사회학자 어빙 고프먼은 '즉각적 교정 조치'라는 개념을 사용해 통제의 문제를 바라봅니다. 고프먼은 '팀'이라고 하는데, 팀 안에서 즉각적 교정 조치를 해서는 절대 안 된다고 말해요. 예를 들어 대학에서 교수들이 과 회의를 하는데 한 교수가 이상한 말을 한대도 즉각적으로 교정 조치를 해서는 안 된다고 말합니다. 무례한 행동이라고요.

  부모는 자신이 자녀를 충분히 기다려준다고 생각하지만, 자녀나 외부의 관점에서 보면 대부분이 즉각적 교정 조치에 가까워요. 아이의 방식이 틀렸다고 생각하고, 이는 옳고 그름의 문제이기 때문에 즉각 시정해야 한다고 봅니다. 실제로 정의는 바로 교정해야 하는 문제이긴 합니다만, 부모가 즉각적으로 시정 조치를 하는 모든 문제가 정말 옳고 그름으로 나뉠 수 있을까요? 아닙니다. 외려 모든 관계를 학습 관계로 치환하다 보니 옳고 그름의 문제로 변질되는 것에 가까워요. 그렇게 부모 자식 관계도 연인도 학습 관계로 보고, 즉각적 교정 조치의 틀에서 다 가르쳐야 한다고 생각합니다. 누가 이걸 좋아하겠어요?

  여기서 핵심은 공부에 중독되고 공부로 성공한, 나아가 공부의 헤게모니에서 자라난 사람들은 모든 관계를 학습 관계로 바라본다는 거예요. 학습의 선상에서 보면 자신은 옳고 그름을 다 알고 있고, 자식은 모르기 때문에 즉각적 교정 조치의 대상이 됩니다. 이런 일방적 관계에서는 교육의 상호성이 작동하기 힘들어져요. 닳고 낡은 말입니다만, 교학상장(敎學相長)이라는 말처럼 배우는 자의 성장만큼이나 가르치는 자의 성장이 일어나지 않고, 그저 가르치는 자가 배우는 자를 교정하는 것이 되면 부모의 양육은 교육이 아니라 학습 지도가 됩니다.

나아가 이런 태도가 위선으로 보이는 이유는, 자신이 아이를 자유롭게 기다리며 교육한다고 말하지만 실제로 문제가 발생하면 전면적이고 즉각적인 교정 조치를 시작하기 때문이에요. 이러면 그동안 자유롭고 평등하고 비폭력적이라고 말한 것이 한순간에 취소됩니다. 좋은 부모인 것처럼 한 행동들, 억압적인 교육을 비판한 것이 다 위선이었다는 게 드러나는 거예요.

지현 자신의 이상과 현실이 부딪치는 걸 인정하지 못하는 것이 아닐까요. 돌려 말했지만 속물이라고도 할 수 있겠어요. 자신이 원하는 금전적인 보상과 사회적 지위가 있는데 그것이 사회 정치 시스템에 거는 이상과 괴리가 크면 멘털이 이상해져요. 스스로 진보적이라고 생각하는 사람들은 더욱이요. 이럴 때 완전히 다른 쪽으로 전향하는 사람도 있고, 어느 한쪽을 부정하는 사람들도 있고요.

실제 삶에서는 이 괴리감이 크게 문제가 되지 않는 것 같아요. 보통 조율할 줄 알거든요. 고수익을 내는 대치동 학원 강사 중에 운동권 출신이 엄청 많잖아요. 자기 친구나 후배가 진보 정치한다고 하면 엄청 도와주고, 거액 기부를 하는 경우도 많고요. 그런 진보적 가치관이 있지만 아이 양육에 있어서는 다른 태도를 보입니다. 그런데 이 모순을 의식하지 못하는 경우가 많아요. 86세대의 부모 세대는 자신의 바람을 분명하게 강요했어요. '우리 집안 일으켜 세우려면 장남인 네가 공부를 잘해서 동생들 먹여 살려야 한다', '오빠가 대학 갔으니 너는 일해라'고 하는 식으로 굉장히 권위적이지만 명시적이었습니다.

반면 86세대는 자신의 기대치를 은연중에 드러냅니다. 자식들은 커갈수록 그 모순이 보이기 시작해요. '아버지는 진보적인 사람이라면서 돈 되게 밝히네', '너무 경쟁적이고, 경제관은 또 보수적이고 주식에 열중하고 그러네', 이런 모순이 아이들로 하여금 반항심을 불러일으킬 수 있어요. 부모와의 갈등을 만들고 가치관을 형성하는 데에도 혼란을 가져오기도 하고요.

내 아들을 구출해 왔다

지현 선생님, 최근에 그거 보셨어요? 페이스북을 뜨겁게 만든 글 중에, 교대 교수가 극우 유튜브에 빠진 고등학생 아들을 구해냈다는 글*이요. 어떻게 생각하세요? 공부 담론의

---

* 2025년 1월, 서울교대 육아·특수교육과 권정민 교수가 SNS에 '내 아들을 구출해 왔다'라는 제목의 글을 업로드해 큰 화제가 되었다. 진보적 교육학자로 알려진 권 교수는 아들을 인권 감수성이 높은 남성으로 양육하기 위해 교육에 매진했으나, 아들이 중학생 즈음부터 극우 유튜버들의 인식을 학습하고 또래의 영향을 받아 "여자는 왜 군대 안 가? 여자도 똑같이 가야지", "우리 사회는 남자를 너무 차별하는 것 같아"라는 말을 하기 시작했다고 털어놓았다. 수개월간 아들과 끊임없는 토론을 벌인 끝에 극우 유튜브의 사상에서 아들을 구출했다는 내용의 이 글은 청소년의 극단주의, 부모의 양육 방식, 사회적 플랫폼 규제와 교육 정책 등에 대한 폭넓은

‖ 굉장히 흥미로운 이야기 중 하나잖아요.

기호   그 사건에 주목할 점이 몇 가지 있다고 봐요. 첫 번째는, 그 교수가 여성이 아니었다면 사람들에게 칭찬받았을 거예요. 한 아이의 변화를 위해서 교사가, 옆에 있는 누군가가 지극정성을 기울인 거잖아요. 그런데 이 사람이 얼마나 열심히 했는지는 완전히 평가절하되고 엄청난 비판이 폭주했지요. 중산층 '극성 엄마'에 대한 혐오가 작동한 측면이 없지 않습니다.

두 번째로는, 교육학자인 엄마가 아들의 상대가 되어서 매일 두세 시간씩 토론을 했다는 건 어마어마한 사회 자본과 문화 자본, 경제 자본을 투여한 거예요. 해외여행도 보내면서 다양한 경험을 함께했더군요. 그만큼의 자본을 투여해서 한 사람을 바꿀 수 있는 사람이 대한민국에 몇 퍼센트나 되겠어요? 절대 일반화할 수 없는 모델입니다.

그 글에는 경험을 한 번 더 재해석하는 과정이 담겨야 했어요. 자신이 한 일의 한계가 무엇인지, 어떤 사람만 할 수 있고, 어떻게 해야만 성공할 수 있는지에 대한 자기 비판이 들어가야 했어요. 하지만 이런 내용 없이 '나는 성공했다'거든요. 이 정도로 투자해서 결국 아들을 '구출'해냈다고요. 그분이 쓴 다른 글을 찬찬히 보면 제가

논의를 불러일으켰으며, 『극우 유튜브에서 아들을 구출해 왔다』(창비, 2025)라는 책으로 출간되었다.

짚은 부분까지 교육학자의 관점에서 말하고 있어요. 그런데 해당 글만 본 사람들은 화가 날 수밖에 없지요. 글 쓰는 사람이 그런 파장까지 고려했어야 합니다. 사람들에게 다른 글까지 읽어보라고 할 수는 없으니까요.

지현 필자에게는 아이를 키우는 방식에도 정답이 있다는 생각이 깔려 있는 것 같았어요. 매뉴얼에 따라 아이를 키웠고, 그렇게 자라난 아이를 통해서 자기 믿음을 다시 한번 확인하려 했던 거예요. 그런데 아이가 기대처럼 자라지 않고, 전혀 상상하지 못한 극우적이고 남성 중심적인 이야기를 하니까 많이 놀라지 않았을까요. 그러니 억하심정에 자기가 부모로서 얼마나 열심히 했는지, 얼마나 잘해왔는지 답답해서 글을 썼겠지요. 반발도 많았지만 그 글에 공감하는 사람도 적지 않았어요.

시대적인 맥락에서 보자면 학생운동과 민주화의 세례를 받았던 86세대들은 소위 '빨갱이 포비아'인 자기 부모 세대를 혐오했어요. 그러던 86세대가 이제 부모가 되었지요. 부모가 진보적이면 아이는 그 반대로 가려는 반발심이 생깁니다. 당연히 그렇지 않을까요? 10대 때는 아무리 잘해줘도 부모가 하는 말이 다 싫을 수 있어요.

단순히 가족 사이 갈등의 차원에서 부모가 잘해주고 못해주고의 이야기를 떠나서, 10대 청소년의 발달 과정에서 정체성 형성이 가장 중요한 과제로 떠오르기 때문입니다.

그리고 그 첫 단계는 기존 가치관을 부정하는 거예요. 흔히 청소년을 청개구리 심보라고 하는 이유가 바로 여기에 있어요. 이 시기에는 자신이 누구인지 이해하는 것이 핵심 과제예요. 그전까지는 대부분의 가치관을 부모나 학교로부터 습득했으나, 이제는 자기 것을 가지고 싶어집니다. 이 맥락에서 부모가 싫다는 말을 이해할 필요가 있어요. 부모의 제안이나 판단, 제시하는 목표에 일단 거부감을 느낍니다. 그걸 받아들이면 여전히 부모의 손바닥 안에 있다는 걸 인정하는 것 같으니까요.

부모를 부정하고 나면 텅 빈 공간이 남습니다. 이 공간을 채우는 것이 친구나 유튜브예요. 그들 생각을 무조건으로 신뢰하고 필터링 없이 받아들이는 경향이 보여요. '왜 여자는 군대를 안 가지, 불공평해', 이런 말들은 옳고 그름을 떠나서, 부모 입장에서는 당황스럽겠지만 청소년의 발달 과정에서 일어날 법한 일이기도 합니다.

다시 페이스북 글로 돌아오자면, 스스로 진보 지식인이라고 생각하는 86세대 중에 가족 이기주의적인 성향을 가진 부모가 많아요. 자신이 어릴 적에 누리지 못한 문화적 향유를 아이가 누리도록 투자하는데, 이것은 아이를 위해서이기도 하지만 동시에 자기 지위를 유지하기 위함이기도 합니다. 부모는 아이가 이를 당연히 감사히 여기고 자신이 하란 대로 따라오기를 바라지만 아이는 앞서 말한 이유로 강한 반발심을 가질 수 있어요. 부모는 이런 아이를 이해하기 힘들어하고요. 자신이 보수적인 부모에게서 자랐기에 진보적인 성향을 가지게 되었을 수도 있는데도요.

비슷한 사례로 미국에는 '레이건 유스(Reagan youth)'가 있습니다. 로널드 레이건이 집권한 1980년대에 성장한 세대를 가리키는 말이에요. 이들의 부모 세대는 히피 자유주의의 세례를 받았지만, 이들은 보수주의 시대에 자란 데다 부모에 대한 반발심이 합쳐져 매우 보수적인 성향을 가진 게 특징이에요.

옳음을 증명하기 위해

기호
86세대를 중심으로 소위 진보적인 부모들이 자식을 어떻게 교육하고 있고 그것이 어떤 효과와 역효과를 내는지를 분석할 필요가 있어요. 전국교직원노동조합을 결성하고 '참교육'을 이야기하는 동시에 대안 교육을 시도한 지도 30여 년이 지났어요. 그 교육을 받고 자란 사람들이 이제 부모가 되었습니다. '진보'라고 하였지만 내용상 자유주의에 더 가까웠던 그 양육과 교육 방식을 자녀들이 어떻게 생각하고 받아들이는지 살펴볼 필요가 있어요.

제가 나이브한 자유주의적 진보 부모가 가진 환상에 대해 말할 때 농담처럼 꺼내는 사례가 있어요. 그들은 어린이가 밝고 건강하게 커야 한다고 생각합니다. 아이가 책만 지나치게 많이 읽고 외부 활동을 하지 않으면 그 또한 근심 걱정이에요. 아이가 초등학교 고학년이나 중학교에 입학할 때가 되면 슬슬 자아 탐색을 시작하리라 기대합니다. 그런데 이때도 그저 재미있게 놀기만 하면 이렇게 말해요. "밝고 건강하지요, 아무 생각이 없어요."

그러다 고등학교에 들어갈 때면 아이가 그동안 충분히 놀고 경험했으니 자기가 좋아하는 게 무엇인지 알아차리고 폭풍 성장하리라고 기대합니다. 물론 꼭 최상위권 대학에 진학하기를 기대하는 것은 아닙니다만, 좋아하는 걸 정말 잘할 수 있기를 바라지요. 이때 부모들에게 아이가 잘하지는 못하더라도 좋아하는 것을 하면 만족하겠냐고 물으면 그렇지는 않다고 해요. 그럼 어느 정도 잘하는 게 잘하는 것인지를 물으면 우물쭈물합니다만, 집요하게 캐물으면 동메달은 딸 정도, 최소한 10위권에는 들 정도를 바란다고 해요. 이건 '잘하지 못해도'가 아니라 아주 잘하는 수준이지요. 결국 부모는 '나는 다르게 키웠지만 그래도/그래서 성공했다'고 말하고 싶어 하는 것 같아요. 솔직하게 말하면 다 가지고 싶은 거예요. 자유도, 성취도, 성공도요.

지현 | '자유도, 성취도, 성공도 다 가져야 한다'의 주어가 '우리 가족'이라는 것을 더 살펴볼 필요가 있어요. 일본의 분석심리학자 가와이 하야오는 이를 '가족 자아(family ego)'라는 개념으로 설명해요. 가족을 자신의 자아와 동일시하는 겁니다. 『하루키, 하야오를 만나러 가다』[6]를 보면 일본도 마찬가지예요. 하야오는 한국과 일본의 가족주의가 굉장히 비슷한 양상을 보인다고 말합니다. 아이가 잘되는 게 곧 부모가 잘되는 일이라고 생각하지요. 서양 문화에서는 아이는 아이고, 부모는 부모라는 식의 사고가 비교적 더 발달해 있어요. 아이가 잘되면 좋겠지만 안되어도 할 수 없는 일이지요. 반면에 일본은 타인에게 폐를 끼치면 안 된다는 메이와쿠(迷惑) 문화와 '가문의 수치' 같은 사고방식이 가족 자아와 묘하게 결합해서 '우리끼리 똘똘 뭉쳐서 성공해야 해'라는 정서가 발달되어 있어요.

김희경 작가가 『이상한 정상가족』[7]에서 한국은 사회 안전망이 없기 때문에 오직 '우리 가족'이 잘 버텨야만 안전해진다고 믿는다고 했지요. 확대가족이 사라지고 핵가족이 똘똘 뭉치게 되면서 가족중심주의가 더욱더 강화되고 있어요. 그 때문에 아이의 반항에 부모는 강한 반발심을 느낄 수 있어요. '내가 즐길 수 있는 걸 다 포기하고 이렇게 열심히 투자하는데, 어떻게 이럴 수 있지?' 하면서요. 자기 안에 있는 '자신의 자아'가 바람에 반하는 행동을 하는 걸 납득할 수 없는 거예요.

기호
가족 안에서의 자아뿐만 아니라 86세대 스스로도 자아가 굉장히 강하잖아요. 자신들이 옳았고 세상을 바꾸었고 풍부하게 만들었다고 믿지요. 문화적으로는 1970년대생들이 더욱 그렇습니다. 이들이 20대를 보낸 1990년대는 서태지와 아이들의 등장부터 『키노』와 같은 엄청난 영화 잡지의 창간에 이르기까지 문화 담론이 풍부하게 번성했어요. 앞다투어 문화적 존재가 되기 위해 노력했어요. 이들 중 일부에게는 자기 자식을 남들과 다른 방식으로 성공시킬 수 있다는 확신이 있었습니다. 지금은 물론 그 확신이 상당히 옅어졌고요.

  흥미로운 것은, 자식이 잘되는 게 곧 자기가 잘되는 일이라는 생각도 그렇지만, 이들은 은연중에 자식의 성취를 통해 자신의 옳음을 증명하려고 합니다. 저는 옳음을 증명한다는 것이 만능감의 또 다른, 하지만 더 심각한 버전이라고 생각해요. 물론 저는 그 페이스북 글을 쓴 교육학자가 아들에게 엄청난 투자를 하며 극우 유튜브로부터 '구출'하려 한 것이 자신의 옳음을 증명하기 위해서는 아닐 것이라고 생각해요. 자식이 극우 사상에 경도되는 걸 그냥 지켜볼 부모가 몇 명이나 있겠어요? 자식이 옳지 않은 길을 가고 사회를 망가뜨리는 길로 가는 것을 당연히 모든 노력을 기울여서라도 저지하려고 하겠지요. 다만 교육학자가 아닌 생활인들은 그분만큼 전문적으로 할 수 없을 겁니다.

  저는 이 주제와 관련해서는 이보다는 희극인 이수지 씨가 풍자해 전 국민적인 이슈가 된 '제이미 맘'* 이야기가 더 들어맞는다고 생각해요. 강남 '대치 맘'으로 분장하여 열연한 이수지 씨는 끊임없이 이야기합니다. 자기는 아이를 극성맞게 키우려는 게 아니고 아이의 천재성을 조금 더 발현시켜주려는 것이라고요. 그리고 자신은 아이의 눈높이에서 아이의 마음을 헤아리며 대화로 문제를 해결하려고 하지, 폭력 같은 야만스러운 수단을 절대 사용하지 않는다고 말하지요. 그래서 아이를 향해 "엄마 눈 봐요, 아이 콘택트", "충분히 다 울었어? 이제 엄마랑 소통할 수 있겠어?" 하는데, 사실 이게 더 숨 막히는 것이지만요.

이 사례에서도 알 수 있듯이 이 부모들은 자신의 양육 방식이 '좋다'를 넘어서 '옳다'고 확신하고 있어요. 방법론적 옳음뿐만 아니라 도덕적 옳음까지 포함하는 확신이에요. 저는 이게 더 무섭다고 생각합니다.

지현
하지만 부모가 그렇게 열심히 양육한다고 한들 자식이 기대한 대로 성장하지 않는 경우가 더 많아요. 부모 자식의 애착 관계는 다양한 양상이 있으나, 저는 최근에 진료실에서

---

* 희극인 이수지가 대치동 '극성 엄마'를 패러디한 〈휴먼 다큐 자식이 좋다〉 영상은 자녀를 명문 초등학교나 명문 학원에 보내기 위해 이른바 '7세 고시'를 치르게 하는 보호자의 과열된 경쟁 심리를 풍자한다. 사교육 열풍 속에서 학생들은 갈수록 더 이른 나이에 경쟁 체제에 편입되고 있다. 통계청의 '2024년 생활시간 조사'에 따르면 초등생 10명 중 9명은 사교육 등 '학교 밖 교육'을 받고 있으며, 일평균 5시간 이상 공부하는 것으로 나타났다. 특시 '7세 고시'와 '초등 의대반' 등 유·초등 대상의 경쟁적 사교육 열풍 속에서 초등생은 전 연령대 중 유일하게 5년 전보다 학습 시간이 19분 증가했고, 유일하게 게임·놀이 시간이 줄어든 집단이었다.

어머니와 아들 사이가 무척 친밀한 경우를 많이 봅니다. 최근에는 이런 사례들을 보곤 합니다. 아들의 우울증을 치료하기 위해 모자가 함께 내원을 했는데, 멀끔한 인상의 아들은 말을 잘 하지 않고, 어머니가 아들의 이야기를 대신 설명했어요. 대여섯 해를 거슬러 올라가면서 "우리 아들이 그때까지는 참 잘했어요, 특목고도 생각했어요" 하면서 영광의 시절을 말했어요. 그러다 어느 순간 내리막을 타서 공부와 사회 활동에 손을 놓아버렸다고 해요. 두 사람은 이게 우울증 때문이고, 우울증을 치료하면 다 해결된다고 생각하고 있었어요.

면담을 하면서 아들에게서 두드러지는 특성 몇 개를 발견했어요. 대체로 수동적이고 저항의 선이 분명해요. '나를 고쳐보시지'라는 태도로 앉아 있다가 제가 몇 마디 하면 바로 반박하지요. "아니에요. 제 말은 그런 의미가 아닙니다"라고요. 이어서 피상적이지만 단단한 자기애의 갑옷을 쓰고 자신을 보호하면서 주변을 원망하기 시작합니다. 가족의 지원이 부족한 것, 부모가 나를 이해하지 못하는 것, 운이 없는 것, 학교와 친구들이 자기 수준에 맞지 않는 것 등을 아주 세세하게 말했어요. 자기 노력이 부족했거나, 자기 잘못일 가능성은 단호하게 부정합니다. 이 모든 것에 자신의 잘못은 없고 오직 피해만 받았다고 생각해요. 듣다 보니 참 억울한 것도 많다는 생각이 들었어요. 제가 끼어들 여지가 없으니 치료는 교착상태로 이어지고는 합니다. 솔직히는 힘이 빠져요. 실천할 만한 것을 권해도 생활에 변화는 없고, 치료 약물의 효과도 잘 나타나지 않습니다.

이 사례에서 또 하나 눈에 띄는 것은 아버지의 무관심, 또는 회피입니다. 아버지는 권위를 내세우기보다 "아들이 해달라는 건 다 해주었다"고 말해요. 청소년에게는 성장 과정에서 '권위'를 경험하는 시간이 필요해요. 고개를 숙여도 보고 이해가 안 되어도 따르는 경험이 필요합니다. 언제부터인가 부모 자식 관계가 친구 사이와 다름없어졌고, 사랑만 과잉 공급되는 경향이 보여요. 긍정적이고 따뜻한 정서를 쏟아 붓지요. 저는 이게 마치 몸에 좋은 고칼로리 음식을 많이 먹어서 비만이 된 것 같아 보여요. 자아는 비대해질 대로 비대해졌는데 스트레스 감내력은 허약해진 비대칭 발달이 일어나고 맙니다. 자기가 대단한 사람이어야 한다는 환상을 가진 채 성인이 되어가고 있고, 자기는 '여기'에 있을 사람이 아니라는 불만이 있으니 어떤 성취에도 좀처럼 만족하지 못하지요. 내면에 분노만 남은 경우도 허다합니다.

제 생각에, 이런 경우에는 현실을 직시하게 해주는 '팩폭'이 필요합니다. '나는 사실 그리 대단한 사람이 아닐지 몰라, 그렇다고 해도 아무런 존재가 아닌 건 아니야' 같은 현실 직시가 필요합니다. 그러나 이런 현실을 마주하기에는 부모나 본인이나 너무 아픕니다. 그래서 이 환상을 계속 간직한 채 시간을 보내버려요. 부모는 아이의 독립을 간절히 바란다고 말하지만 가만히 보면 아이를 가족의 울타리에서 보호하기를 원하고 있어요. 그리고 의사의 말에 강한 반발심을 느끼고 더 이상 찾아오지 않지요. 이런 사례가 아쉽게도 아주 많아요. 세상을 자기중심적으로 해석하고, 자신이 틀릴 수 있다는 걸 부인하고, 감정에 치우쳐 과민하게 반응하며 자기애의 갑옷을 두르고 허세 담긴 희망을 말하나 그 근거는 빈약하고 실천은 없습니다. 이 상황에서 벗어나고 싶다고 말은 하지만 그 자리에 계속 머물러 있기를 원하는 것 같다는 인상을 받아요.

제 개인적인 경험이지만요, 이런 현상은 같은 20대여도 여성보다 남성에게 훨씬 더 두드러집니다. 저는 이걸 '귀한 아들 증후군'이라고 말해요. 당연히 누구도 이런 결과를 원하지는 않았을 거예요. 아이를 올바르게 양육하기 위해 최선을 다했고, 아이가 상처받지 않고 잘 자라기를 바라며 오랫동안 노력했을 겁니다. 하지만 비대하게 공급된 애정으로 아이의 자아는 허약하게 팽창해 정서적 비만이 되었어요.

자본의 세습 욕구와 부족주의

지현
　　가족 자아는 양육에서도 문제적이지만 사회적으로 더 큰

문제를 안고 있어요. 가족 자아의 핵심 중의 하나는 자본 세습입니다. 특히 최근에는 고학력 중산층에게서 자본의 세대 이동에 대한 욕구가 굉장히 커졌어요. 그래야만 자기 가족이 안전하리라고 기대하는 거예요. 우리 사회 전체가 얼마나 더 건전해질 수 있을지에 대한 논의보다 우리 가족이 살아남는 게 더 중요한 핵심 키워드가 되었어요. 내가 곧 우리 가족이고, 이 가족은 사촌이나 형제자매도 포함하지 않아요. 오로지 자식들이에요.

기호   특히 직업 세습을 통한 계급 재생산은 한국 중산층의 엄청난 목표입니다. 제가 최근에 예술계 학교에 몸담으면서 본 것 중에 하나는요, 두각을 나타내는 학생의 부모가 소설가나 동화 작가 같은 예술인인 경우가 과거보다 많아졌어요. 문화 자본과 사회 자본이 세습의 연결 고리를 타고 내려온 거예요. 어릴 때부터 부모에게 많은 것을 풍부하게 보고 들은 아이가 부모의 재능, 그러니까 유전자까지 물려받았다면 금상첨화이지요. 요즘 문화계에서 이런 현상이 두드러지고 있어요.

가장 먼저 세습을 시도한 직업이 교수, 의사, 법조인이었어요. 그때는 다른 분야에 문화 자본이나 사회 자본이라고 할 만한 게 별로 없었어요. 그런데 지금은 대부분의 직역에서, 특히 소득이 높은 직역에서 사회 자본과 문화 자본이 세습의 연결 고리 역할을 하고 있어요. 다들 필사적입니다.

흥미로운 것은 세습의 관점에서 보면 국가도 없고 사회도 없고 심지어 '나'도 없어요. 초월이 사라지니까 겸손도 사라지고 '나'만 남아서 자아가 비대해지는데, 여기서 '나'의 실체는 자기 자신으로서의 자아가 아니라, 가족이나 직역 등의 어떤 집단 정체성입니다. 권력화된 집단이나 이익 집단의 관점에서 자기 자신을 항상 바라보는 것이지요.

가끔 소위 상위권 대학의 학생들이 대학과 자신의 정체성을 강력하게 동일시하면서 다른 집단에 배타적이고 차별적인 태도를 취하는 것을 볼 때가 있어요. 이전에는 비수도권 분교나 타 대학에 대한 우월 의식과 차별이 보이지 않는 방식으로 은밀하게 작동했으나 이제는 노골적으로 드러내더군요. 소위 말하는 '입결(입시 결과)'을 내세우면서 자신과 그들이 결코 같은 취급을 받을 수 없다고 하면서요.

지현 맞아요. 어느 순간부터 직역들이 '제2의 가족'을 만들고 있어요. 사례를 들자면 끝도 없어요. 이번 의정 사태도 의사들이 외부인들은 절대 이해할 수 없는 논리로 뭉쳤지요. 정권이 바뀌면서 여권 인사를 대거 사면하기도 하고요. 선거관리위원회의 부정선거 논란도 마찬가지예요. 자신들의 입장을 정당화하는 논리를 만들고 있어요.

사회복지 시스템이 불안정해 공동체 전반의 신뢰 기반이 허약해지면 사람들은 점점 직역 혹은 가족이라는 작은 단위로 뭉치게 됩니다. '우리'를 지키기 위해서 '우리'와 '우리 아님' 사이의 거리를 확 넓히는 거예요. 서양권은 개인이 중심이기 때문에 '우리'와 '우리 아님'의 거리가 상대적으로 가까워요. 공부에서도 마찬가지예요. 과거에는 공부를 잘해서 우리 '가족'이 더 잘살게 만들고 싶었다면, 이제는 거기에 더해서 자신의 '직역', 즉 자신의 사회적 정체성을 규정하는 집단이 또 하나의 가족 자아를 형성하게 되면서 '우리'와 '우리 아님'을 가르는 배타성이 굉장히 강해지고 있어요. 직역의 문턱을 높이기 위해서 라이선스의 촘촘한 벽을 세우고요. 이러저러한 규정을 따라야 '우리' 사람이 된다는 기준을 만들어 카르텔을 형성하고 있어요.

기호   제2의 가족이 나타나고 있다는 말씀이 굉장히 중요한 포인트 같아요. 선생님이 말씀한 '가족'이라는 단어가 지금 사회과학에서 쓰는 보편적인 개념으로 말하자면 '부족'이에요. 현대 사회의 '나'는 '부족주의화된 나'라고 할 수 있어요.

지그문트 바우만을 중심으로 세계가 부족주의화되는 것을 경계하는 학자들이 이미 많았지요. 이들은 사람들이 상실을 두려워하기 때문에 타자와의 경계를 더욱 공고히 하여 자기 이익을 지키고자 하는 현상을 짚습니다. 이 부족은 인종일 수도, 민족일 수도, 지역일 수도, 대학일 수도 있어요. 여기서 대학은 중간에 들어오는 일체의 것을 배제한, 오로지

입결의 순수성으로 형성된 대학이지요. 핵심은 '혜택은 딱 여기까지'입니다. 성장이 멈춘 사회이기 때문에 나눔의 범위를 최소화해서 부족 외부로 이익이 흘러 나가지 못하게 막겠다는 것이지요.

지현   갈수록 이들에게서 사회 전체에 대한 윤리의식이 희미해지는 경향이 보여요. 직역 내부의 논리를 강화하는 데만 신경을 쓰다 보니 이것이 사회 전체에 어떤 영향을 미치는지 고려하지 않는 것이지요. 공감 능력도 선택적으로 작동한다고 말하잖아요. 공감 능력이 좋은 사람, 나쁜 사람이 따로 있는 게 아니라 우리 편이라고 여기는 사람에게 선택적으로 공감 능력을 발휘하는 거예요. 우리 밖에 있는 사람들에게는 무심하지요.

    공감 능력이라는 것도 새끼가 배가 고픈지 아닌지 알아차리기 위해서 어미가 그 입장이 되어보려고 한 데서 온 시스템이에요. 배가 고플수록, 먹이가 부족하다고 느낄수록 '내 새끼'를 지키는 게 중요해져요. 이 같은 일이 우리 사회에서 벌어지고 있어요. 직역의 전문적인 시스템 안에서 모든 걸 깨친 듯이 말하고 있지만, 실은 사회 전체에 대한 윤리의식, 공동체에 대한 책임 의식은 도리어 희박해졌어요. 거기까지 역지사지할 겨를이 없다고 생각하는 것 같기도 합니다. 생존 자체가 굉장히 버겁다고 느끼니까요.

기호

　부족주의가 가장 경계하는 것이 역지사지예요. 우리가 타자에게 일단 한번 감정이입을 하고 그의 입장에서 생각하게 되면 타자를 마냥 타자화할 수 없게 됩니다. 부족주의는 이러한 감정이입을 매우 위험하게 봐요. 바깥과 타자를 무조건 적대시하고 경계하고 배제해야 하는데, 내부에서 역지사지하는 인간이 등장함으로 인해 경계가 무너지니까요. 따라서 부족주의에서는 외부의 타자만큼이나, 역지사지하자고 하는 내부의 사람들을 위험시하고 적발하여 처단하려고 합니다. 이들이 동조자 혹은 간첩이며 내부에서부터 부족을 붕괴시킨다고 말하지요. 이번 의정 사태에서도 똑같이 작용했어요.

　부족주의에서는 감정이입을 위험시하지만, 배움에서 관조와 공감은 필수적이에요. 자기 자신을 객관적으로 바라보게 하고 더 넓은 세상으로 나아가게 하는 동시에 내면을 넓히는 것이 관조와 공감의 역할입니다. 인지신경학자인 매리언 울프가 이미 『다시, 책으로』[8]에서 깊이 읽기가 어떻게 위기에 처하게 되었는지 역설하면서 강조한 내용이에요. 깊이 읽기의 첫 번째가 바로 공감이라고요.

　공감은 그저 남에게 감정이입만 하고 끝나는 것이 아니에요. 우리는 감정이입을 하자마자 그 느낌이 부분적이고 불완전하다는 것을 알게 됩니다. 타자와 완전히 남이 될 수 없는 '나'를 인식하게 됩니다. 그러면 이때부터는

'나'에 대해 고민하게 됩니다. 남을 통해 자신을 돌아보는 계기를 갖게 되는 것이지요. 이렇게 공감은 남에 대한 것만이 아니라 자신도 돌아보게 해요. 이를 통해 나 자신과 세계에 대한 앎이 더 넓고 깊어집니다. 이것이 공부의 본질인 '읽기'의 가장 중요한 역할이에요. 부족주의화된 자아에서는 결코 일어나지 않는 과정이지요.

 선생님이 말씀한 것처럼 공감 능력은 굉장히 선택적으로 작동되는데, 이것을 문화적으로 조정하는 것이 공부의 역할이었어요. 매리언 울프가 말한 대로 공부는 자연 발생적이지 않고 문화적 학습을 통해 만들어집니다. 책을 읽는 행위를 통해, 끊임없이 부족 바깥의 세계에 관심을 가지고 그 세계에 공감하게 하는 과정이 곧 책 읽기의 과정이자 세계를 확장시키는 과정이었는데, 지금은 제 주변 사람들만 봐도 다른 세계에 관심이 없어요. 그저 자기 세계가 맞다는 것을 공고히 하는 데에만 관심이 있어요. 소위 확증 편향이라고 이야기하는 것처럼 내 세계가 맞고, 내 부족이 맞다는 확증을 편향시키는 공부를 반복하고 있어요. 이렇게 보면 근대를 출발시켰던, 부족을 떠날 수 있게 했던 다른 세계에 대한 관심과 공감의 확장이라는 것이 다 수포로 돌아간 거예요.

 그러니까 결론적으로 본다면 공부가 공부를 배신했어요. '나'를 확장해 부족을 무너뜨리는 게 공부였는데, 지금의 공부는 새로운 부족을 만들어서 그 벽을 더 공고히 하고 있어요. 특이한 것은, 한국에서는 부족화가 직역을 중심으로 나타난다는 겁니다. 역사적으로 다른 사회에서는 부족이 계급, 종교, 인종, 지역 등의 경계에서 만들어졌는데 한국에서는 직역의 경계를 타고 서열화되면서 만들어지고 있어요. 직역이 부족화되면서 나타나는 현상 중 하나가 '직역의 신분화'예요. 그 증거 중 하나가 세습입니다. 의료계, 법조계뿐만이 아니라 예술계도, 대기업도 세습을 통해서 신분제로서의 부족주의를 완성하고 있어요.

신분제와 부족주의를 철폐하면서 세계에 대한 관심을 갖게 된 것이 근대의 특징이라고 할 수 있습니다. 인간이 책을 만들고, 읽고, 공부한 것은 부족 바깥에서 일어나는 일을 알기 위해서였어요. 한데 지금은 부족 안에서 부족의 공부를 하는 걸 '공부'라고 합니다. 우리가 계속 대화를 나누었던 것처럼 '전체'라고 하는 것은 세계에 대한 관심이고, 공부는 세계관을 만들어가는 과정인데, 우리는 이제 세계관이 없어요. 오로지 자아관만 있는 겁니다. 그리고 이 자아는 순수하게 자신을 가리키는 '자아'가 아니라 직역을 포함하여 부족화된 나인 경우가 많습니다. 그래서 혹자는 한국의 개인주의를 '개인 없는 개인주의'라고 말하기도 합니다.

지현
길드 안에서 내 부족을 더 강하게 만드는 데만 열중하는 것에는 전 지구적인 불안과 위협의 영향도 있어요. 과거의 대항해시대나, 벨 에포크 때처럼 삶 자체가 확장되는 시대는 이제 저물었어요. 성장이 정체된 사회에서는 부족 외부에 무언가를 증여하고 세계 밖으로 나가기보다, 지금 가진 것을 지키는 일이 우선이 됩니다. 공동체 차원의 위험과 불안이라는 위기의식이 부족 이기주의를 더 강화시키고 있어요. 특히 한국 사회는 끝없이 발전을 거듭하면서 다른 한쪽으로는 언제 망할지 모른다는 위협이 항상 산재해 있었지요.

한쪽에서는 이 불안을 해소하기 위해서 부족의 공부를 더 깊게 만들고 있어요. 전문가만 이해할 수 있는 수준으로 지식을 어렵게 만들어서 배타적 권리를 행사하고, 길드의 벽을 세우고, 또 그걸 세습시켜요. 그렇기 때문에 부족 간 영역 이동이 매우 어려워졌지만, 자기 자식은 그 사다리를 조금 더 쉽게 탈 수 있어요. 세칭 '기울어진 운동장', 즉 2루에서 게임을 시작하는 사람이 늘어나고 있어요. 2009년에 로스쿨이 개원할 때만 해도 신입생 선발 절차가 사실상 대학 자율이었잖아요. 그때 고위 법조인, 로스쿨 교수 자녀의 특혜 입학 논란이 끊이지 않았어요. 이제 로스쿨의 입학 규정은 까다로워졌으나 여전히 부유층에게 유리한 면이 있어요. 실제로 올해 10월 한국장학재단과 교육부의 자료를 분석한 결과 로스쿨 재학생 10명 중 7명의 가구 연 소득이 1억 4천만 원을 넘는 고소득층으로 추정된다는 분석 결과가 나오기도 했지요.[9]

기호   2010년에 개봉한 팀 버튼 감독의 영화 〈이상한 나라의 앨리스〉는 원작을 완전히 새롭게 해석한 의미심장한 결말로 끝납니다. 앨리스의 어머니는 "앨리스는 자신이 선택한 삶을 살 거야"라고 말해요. 앨리스 자신도 그러리라고 하고요. 그리고 어머니와 함께 회사를 설립하고 항해를 떠납니다. 사무실 탁자 위에는 세계 지도가 놓여 있어요. 대항해시대에 대한 상징적인 은유예요. 공부는 인간으로 하여금 호기심을 가지고 바깥으로 나가며 확장하게 만드는 것이었어요.

   물론 이것이 엄청나게 제국주의적이고 식민주의적인 방식이었던 것도 무시할 수 없겠습니다. 그런데 지금의 공부는 척화비를 세우고 쇄국 정책을 펼치는 공부로 바뀌었어요. 더 이상 바깥에는 관심이 없어요. 그렇다고 해서 지금의 공부가 그동안 식민지화하고 제국주의화했던 것을 성찰하냐 하면 그것도 아니에요. 쇄국의 벽을 촘촘히 쌓아 올려서 아무도 접근하지 못하는 형태로 바뀌고 있어요.

지현   15세기에 대항해를 지속할 수 있었던 이유는 수많은 식민지로부터 들여온 엄청난 재화 때문이겠지요. 풍요로웠기 때문에 관대했고, 모두가 낙관적으로 지낼 수 있었어요.

   부족화의 또 한 가지 문제는 개인을 인정하지 않는다는 겁니다. 개인으로만 살아가기에는 이 세계에서 자신이 너무 나약하다고 느끼는 거예요. 사회가 올바른 방식으로 진화하면 개별성을 인정하고 각자 삶의 스타일을 존중할 수 있을 텐데, 이제는 개인 자체가 너무 나약해졌어요. 불안을 견딜 수 없으니 부족에 순응하면서 자아를 지키는 양상이 보입니다. 하물며 자신이 진보적이라고 생각하는 사람조차도 직역의 당파성, 파벌성을 지키기 위해 개인을 희생시키거나 개인의 존재 자체를 인정하지 않는 면이 보이기도 해요.

기호 맞습니다. 우리는 이제 개인도 없고 세계도 없어요. 세계 속에서 활동하는 개인은 사라져버리고 부족으로 쪼그라들어버렸어요.

메타 없는 세계

지현 얼마 전에 심포지엄에서 만난 강사에게서 사례를 하나 들었어요. 요즘은 서너 군데의 병원을 돌면서 진료를 받는 환자가 적지 않습니다. MRI를 찍으면 챗GPT에 판독을 맡기기도 한대요. 어느 날 환자에게 이런 말을 들었답니다. "선생님, 챗GPT랑 똑같은 말을 하시네요. 그러니까 믿을 수 있을 것 같아요."

정보 취득이 이렇게나 간편해진 시대에 전문가란 어떤 존재일까요? 모두가 전문가가 되는 걸까요, 아니면 이럴 때일수록 진정한 전문가의 가치가 더 커질까요? 단순히 많이 아는 사람을 전문가라고 할 수는 없습니다. 자기 직역 밖은 내 영역이 아니라고 확실히 선을 그을 수 있는 사람, 그리고 자기 직역에서 일어날 수 있는 거의 모든 실수를 경험한 사람이 전문가예요. 그래야만 자기 영역을 확실히 규정해 그 속으로 깊이 들어갈 수 있고, 아는 것에서 나아가 아는 것을 바탕으로 실천할 수 있어요. 또, 일어날 가능성이 있는 모든 경우와 우연을 겪었기에 암묵지가 작동할 수 있어요. 왜인지는 설명할 수 없으나 이것이 맞다는 것을 아는 게 전문가의 경지예요. 하지만 어느덧 누구나 다 알고 있다고 착각하고, 이 정도는 나도 한다고 자신하면서 모두가 전문가를 자처하고 있어요. 이 또한 공부에 대한 위협입니다.

기호 사람들이 자기 직역으로만 기우는 것의 원인은 정치의 붕괴도 있지만, 다른 한편으로는 직역들이 느끼는 위기의식이 크게 작용한다고 생각합니다. 선생님이 말씀한 것처럼 과거에 전문직은 곧 정보의 원천이었어요.

브뤼노 라투르가 쓴 『존재양식의 탐구』[10] 서론에 재미있는 일화가 하나 나옵니다. 프랑스 사회에서 기후위기로 토론을 하면 2000년대 초반까지는 다들 기후학자의 말을 심각하게 받아들였다는 거예요. 그런데 2010년대에 접어들면서 기업인들이 "왜 우리가 다른 사람들보다 당신을 더 믿어야 합니까?" 하고 따지기 시작했대요. 라투르는 이 장면이 너무나 상징적이었다고 회고합니다.

과거 우리는 화자가 전문직이거나 전문적인 훈련을 받았는지에 따라 권위를 인정하고 정보를 신뢰했어요. 그런데 지금은 누구나 다 전문가인 척하거나 전문가의 지식을 상대화하여 바라보고 있어요. 상대화하는 것까지는 민주적 통제를 위해 필요한지 모르겠지만 전문 지식의 지위 자체를 일체 인정하지 않는 것이지요. 이렇게 되면 상식과 전문 지식 사이의 경계가 무너집니다.

　더구나 이 경향이 인터넷과 인공지능의 발달에 의해 더 두드러지고 있어요. 선생님이 말씀한 것처럼 환자가 챗GPT를 돌려 본 다음에 의사가 하는 말을 검증하는 정도까지 이르렀어요. 지식의 전통적인 권위가 붕괴되면서 정보의 원천으로서의 전문가를 신뢰할 수 없으니 각 직역들이 자신의 존재 의의와 권위를 스스로 증명해야 하는, 굉장히 피곤한 상황이 만들어진 거예요. 이것이 전문 직역에 대한 시민들의 민주적 통제로 이어졌다면 이상적일 텐데, 민주적 통제가 아니라 아예 권위를 붕괴시키고 불신하는 방향으로 변질된 것입니다.

전통 지식의 붕괴

기호　여기서 다시 한번 앎이라는 게 무엇인가에 대한 질문으로 돌아가고 싶어요. 앞서 말했다시피 근본적으로 공부는 원리와 이치를 익히는 일입니다. 그런데 지금은 이것이 너무 보잘것없어졌어요. 보상이 너무 없으니까요. 유튜브 지식 채널을 보면 뭐든 20분으로 정리해주잖아요. 저도 그걸 보고 있으면 진짜 알게 되는 것 같은 느낌을 받아요. 챗GPT에 물어보거나 검색엔진을 통해서 이건 이렇고 저건 저렇고를 알게 된 사람들은 그 정보만으로도 판단할 수 있다고 착각합니다. 하지만 얕은 이치를 이해한 토대 위에서 쌓아가는 것이에요. 그런데 지금은 이치를 따지고 이유를 논하는 일이 고리타분해졌어요. 설명하자니 20분이 넘어가는데 듣기가 너무 지겨운 거예요.

그 사례로 들어도 좋을 이야기가 하나 있어요. 최근에 불교에서 윤회가 있는지 없는지, 부처가 윤회를 이야기했는지 안 했는지로 논쟁이 일어났어요. 현대 불교에서 가장 영향력 있는 고승 중 한 명인 성철 스님과도 인연이 있는 향봉 스님은 윤회가 없다고 말했어요. 다른 스님도 윤회를 이야기하는 것 자체가 무의미하다고 말했지요. 유튜브 영상의 댓글을 보면 난리도 아닙니다. 그분들의 깊이에 견줄 수 없는 사람들이 어떤 법경을 보면 윤회가 있다고 하는데 왜 없다고 하냐고 따지고 있어요.

물론 불교에서 전생과 윤회는 매우 중요한 교리입니다. 이게 없으면 불교라고 할 수 없다는 말도 있으니까요. 그렇기에 전문가들은 있다/없다에서 그치는 게 아니라, 있다/없다고 말하면 왜 그렇고 그것이 어떤 이치이고 의미인지 논쟁하는 것이고 그건 어느 쪽이나 매우 흥미롭습니다. 반면 조금 아는 사람들이 '믿을 교리'로써가 아니라 지식으로써 윤회에 대해 이야기하는 것은 보기 힘들지요. 같은 맥락에서 그리스도교 신자 중에는 신학을 적대시하는 사람도 있어요. 신학이 신앙에 도움이 되는 것이 아니라 방해가 된다고요.

그렇다고 해서 이들이 불경 전체를 놓고 이치를 따져나가는 것을 보는가 하면 그건 또 안 봐요. 너무 길거든요. 이치를 따지는 영역은 너무나 전문화되었고 그렇게 해서 세운 공부의 권위는 붕괴되었어요. 그러니 직역에 속한 사람들에게는 자신과 자기 지식의 권위를 방어하는 일이 너무나 중요해졌어요. 그러지 않으면 사회적으로 존재할 수 없으니까요.

지현

저는 전문가가 맞닥뜨린 존재의 위기가 한편으로는 본인들이 자초한 것이기도 하다고 생각해요. 과거에는 전문가의 레퍼런스가 곧 전문가의 권위였어요. 믿을 만한 정보를 모으고 참조하다 보면 A라는 전문가, B라는 전문가, C라는 전문가가 같은 이야기를 하는 지점이 있었고 합의에 이르는 게 어렵지 않았어요.

가령 어떤 전문가가 원자력 발전소 건설에 대해 말을 하기 시작하면 반대편에서는 '당신은 당신 직역의 이득을 위해서 원자력 발전소가 필요하다는 거잖아'라는 식으로 낙인을 찍기 시작합니다. 양쪽 모두 박사 수준의 전문가가 방대한 자료를 동원해서 자기 진영의 주장을 뒷받침하는 문서를 만들어 옵니다. 대중은 누구의 말을 더 신뢰할 수 있을까요? 아무도 신뢰할 수 없겠지요. 이 논의에서 무엇을 더 이야기해야 하고, 무엇이 더 필요한지에 대한 건 휘발되고 원자력의 위험성 같은 2차 불안만 남는 거예요. 그렇게 편 가르기만 중요해지는 일이 벌이지게 됩니다.

서로 의견이 다를 수 있지만 최소한 이 분야의 전문가라고 한다면 대중은 잘 알아차릴 수 없는, 하지만 전문가들은 일관되게 이야기하는 분명한 단일 의견이 있어야 해요. 그래야 대중은 전문가의 전문성을 신뢰할 것입니다. 그런데 일부 직역의 경우에는 자기 입장에 따라 다양한 의견을 내는데 그들 사이에 접점이 보이지 않고 공통점이 휘발되어 있지요. 그렇게 되면 각자 자기 직역의 입장에서 유리하게 정보를 취사 선택한다는 의심을 받게 됩니다. 또, 같은 직역이라고 하더라도 유사한 상황에 완전히 다른 판단을 내리기도 하지요. 그 근거는 미약하고 설득력 없을 때가 많고요. 보통 판사는 정치적 압박이나 여론에 영향을 받지 않고 독립적 판단을 하는 주체로 존중받지만, 비슷한 사건에 대해 상반된 판결을 내릴 때가 꽤 있어요. 저는 그게 전문가의 신뢰성을 훼손하는 요소라고 생각합니다.

관은 사라지고 편만 남은 공부

지현

전문가들 사이의 의견 분열, 나아가 한 전문가가 보이는 모순적인 입장을 균형에 대한 강박으로 이해할 수도 있겠습니다. 이게 다 옳다는 건 아니라고 이야기하면서 균형 잡힌 일을 해냈다고 착각한달까요. 그게 이기고 지고의

문제나 양비론으로 번지면서 동의해서는 안 될 주장에
힘을 실어주기도 하고요. 계엄을 예로 들면 '대통령이 말도
안 되는 일을 했지만 무슨 이유가 있겠지'라고 말하는
사람에게까지 마이크를 준단 말이지요.

기호   선생님이 말씀한 계엄도 마찬가지네요. 언론이 계엄 찬성
입장을 기사에 실어서는 안 됩니다. 12·3 계엄은 한국의
헌법에서 말하는 민주공화국과 인민주권의 원리의 관점에서
본다면 결코 용납될 수 없고, 계엄을 찬성하는 입장은
사회적으로 마이크를 획득할 자격이 없어요. 사회를 위험에
빠뜨리는 부정의한 행위예요. 그런데도 일부 언론에서 양쪽
'편'의 입장을 다 들어봐야 한다며 지속적으로 마이크를
주었지요.

균형에 대한 강박이 공부 과정 속에서도 만들어져요.
학생들은 보통 논술문을 '서론-문제 제기-찬성 입장-
반대 입장' 형식으로 써요. 찬성에도 이유가 있고 반대에도
이유가 있고 찬반의 장점을 적절히 잘 살려야 한다는
식의 결론을 내는 것이지요. 이렇게 쓰면 영국식 영어
능력 시험인 아이엘츠(IELTS)에서는 한국식 점수로 딱
백 점 만점에 80점 정도 줍니다. 자기 입장이 없으니 그
이상을 받을 수 없어요. 자신의 관(觀), 관점에 기반해서
글을 써야 하는데 대개 학생들에게는 관이 없어요. 양쪽을
편이라고 생각합니다. 그러니 양쪽 입장을 모두 드러내는

것이 공정하다고 생각하는 거예요. 저는 균형에 대한 강박이 어떻게 상위 의식으로서의 관으로 고양되는 것을 막아버렸는지, 그러면서 모든 것을 편으로만 바라보게 되었는지 살펴볼 필요가 있다고 생각해요.

자기 관점으로 글을 쓰려면 자신의 입장이 나온 이유와 이렇게 바라볼 때의 한계가 무엇인지 드러나야 해요. 저는 학생들에게 제가 소수자의 관점에서 서사를 보는 사람이라고 말해요. 그렇기 때문에 주류 입장에서 서사가 쓰이는 방식은 관심도 없고 잘 모르겠다고도 합니다. 이어서 왜 제가 소수자의 입장에서 서사를 바라보는지 이유를 말하지요. 그래야만 배제된 게 무엇인지 보이니까요. 그러면 상처가 무엇인지, 나아가 상실이 무엇인지 알 수 있어요. 상실되어 있는 것, 결여가 있기 때문에 서사의 주인공이 만들어지는 게 아니겠냐고 말합니다.

이것은 제 입장이고 제 관입니다. 편이 아니에요. 어떤 학생들은 '그럼 성소수자 편에서 글을 써야 한다는 말인가', '성소수자 편을 들어줘야 한다는 얘긴가', 이렇게 받아들여요. 페미니즘이라고 하면 '여자들 편들어주자는 얘긴가'라고 생각하는 것과 같은 논리입니다.

지현
선생님이 말씀했듯이 공부가 편 가르기에만 머물지 않으려면 상위 의식으로의 고양이 절실하게 필요하겠어요. 이어서 저는 조금 더 본질로 돌아가자는 주장을 하고 싶어요. 본질을 잃었기 때문에 불안하고, 불안하기 때문에 시험 결과에만 집착하게 됩니다. 그 과정에서 '공정' 같은 이야기도 나오게 되고요. 경쟁이 격화되어서 여유가 없어지고 2차 불안이 너무 강화된 나머지 본질을 숙고하기 어려워졌어요.

나아가 우리가 왜 불안할까, 이전 세대에 비해 굉장히 풍요로운데도 불구하고 여전히 성적으로 줄을 세우면서, 수능 날에 비행기가 뜨지 않게 하는 이유는 뭘까, 라고 자문하게 됩니다. 공부의 끝에는 뭐가 있어야 할까, 이렇게까지 공부해서 얻으려는 것은 무엇일까, 그런 생각 말이에요. 지적 허기를 충족하기 위해서인가, 자존감을 채우기 위해서인가, 강해진 느낌을 받고 싶은 것인가, 흔들리지 않기 위해서인가……. 『공부 중독』에서는 이건 아니잖아, 다시 생각해 봅시다, 로 끝냈다면 『공부 망상』에서는 도대체 우리는 얼마나 있어야 충분할지 돌아보면서 엔딩 포인트를 역산하는 일이 참 중요하다고 생각해요.

종교 없는, 메타 없는 세상

지현
지난 30년 사이에 한국에서 종교의 영향력이 눈에 띄게 약화된 것도 공부의 관점에서 주목할 만합니다. 모든 사람이 종교를 가질 필요는 없지만, 종교의 힘이 미미해졌다는 건 세상을 이해하는 큰 담론 하나가 사라지고 있다는 뜻이기도 해요. 30년 전만 해도 교회를 다니는 사람은 기독교의 가치관으로, 불자는 불교의 가치관으로 서로 이어졌고 종교가 삶의 가치관을 형성하는 데 중요한 틀로 작용했어요. 그런데 지금은 아무리 종교적인 집안이라고 해도 아이가 중학교에 가는 순간 학원에게 뺏겨버리거든요. '무슨 교회를 가, 학원 가야지'가 되어서 종교적 가치관을 내재화하는 기회를 잃게 된 것 같아요.

한국 사회에서 최소한 86세대까지는 아동·청소년기 때 종교에 상당한 영향을 받았어요. 이들이 삶의 가치관을 세우는 데 교회, 성당, 절에서 익힌 감수성이 미친 영향을 배제할 수 없을 겁니다. 그런데 지금 아이들에게는 공부가 최상위의 우선권을 가지게 됐어요. 초등학생 때까지는 부모를 따라 주말 종교 행사에 가기도 했지만 중학교에 입학한 다음부터는 소수를 제외하고는 학원에서 시간을 보내요. 그때부터 공부가 더 중요해지니까요.

통계에 따르면 종교를 가진 청년의 비율은 1990년대에 전체 청년의 45퍼센트였는데, 최근에는 22퍼센트까지 줄어들었어요.[11] 활발한 종교 활동을 하는 비율은 더 적을 거예요. 그래서 과거에 비해 우리는 종교가 가진 건강한 사회적 가치관과 담론을 체득할 기회를 얻지 못하고 있어요. 집단 활동이 주는 즐거움을 만끽하거나, 매우 큰 권위적 존재인 신에 비해 개인은 미미한 존재라는 것을 배울 기회가 사라지고 있어요.

기호   제도나 믿음으로서의 종교가 아니라 영성으로서의 종교는 인간의 성장에서 매우 중요한 역할을 합니다. 그것을 신이라고 부르건 본질이라고 부르건 간에 종교는 끊임없이 어떤 소실점을 세우고 세상과 나, 그리고 앎을 돌아보게 해요. 그를 통해 한계를 자각하게 하는 것이 영성의 가장 중요한 역할이 아닐까 해요.

문학적으로 본다면 신은 '텅 빈 기표'입니다. 표시는 되어 있는데 그 속의 의미는 정의할 수 없어요. 신이 존재한다고 보면 정의할 수 없다고 말할 테고, 신이 존재하지 않는다고 본다면 비어 있다고 할 것입니다. 그리스도교의 신만 하더라도 정의되기를 거부해요. 출애굽기 3장에서 모세가 야훼에게 자신을 보낸 이의 이름이 무엇이냐고 묻자 야훼는 "너희 조상들의 하느님 곧 아브라함의 하느님, 이사악의 하느님, 야곱의 하느님"이라고 말하며 관계에 대해 말할 뿐 이름을 말하기는 거부합니다. 앞서 말한 것처럼 이름은 존재의 본질이니까요.

이 '텅 빈 기표'를 중심으로 생각하기 때문에, 종교는 끊임없이 상위 의식으로 고양되기를 요청합니다. 의식 위의 의식, 그 의식 위의 의식으로 고양되어가면서 사람은 자신을 인식하거나 혹은 자기 앎의 한계를 인식하게 됩니다. 이 인식이 일어나야 자신과 자신이 있는 자리를 객관화할 수 있어요. 지금의 앎으로 할 수 있는 것과 할 수 없는 것, 알 수 있는 것과 알 수 없는 것, 말할 수 있는 것과 말할 수 없는 것을 구분할 수 있게 됩니다.

이 초월적인 상위 의식을 통해 우리는 파편화되고 분절화된 앎들을 통합할 수 있어요. 초월적인 의식이 없으면 자신의 앎이 파편화되고 분절적이며 한계가 있다는 것을 인지하지 못하고, 분절된 앎들 중 어느 것이 더 우월하다는 황당한 위계 의식을 갖게 됩니다. 지금 소위 문과 지식에 비해 이과 지식이 우위를 점하고 마치 문과 지식은 아무 의미가 없듯이 여겨지는 것도 이런 현상의 일부라고 할 수 있어요. 오히려 지금 필요한 것은 우월한 것처럼 보이는 그 앎의 한계에 관한 객관화인데 말이에요.

신경학자 게랄트 휘터는 『존엄하게 산다는 것』[12]에서 이 상위 의식이자 패턴을 '관(觀)'이라고 말합니다. 가치관, 인생관, 세계관…… 그것들을 다 포괄하는 것으로서의 관이에요. 이 관을 형성하는 것이 바로 상위 의식으로서의 영성의 역할입니다. 모든 것을 통합하기 위해 모든 것을 초월해 있는 것이 영성이니까요. 그래서 많은 종교에서는 명상을 강조합니다. 일체의 활동에서 물러나 이 모든 것을 바라보게 하는 거예요. 한나 아렌트의 개념을 쏜다면 '활동하는 삶(vita activa)'만큼이나 필요한 것이 '관조하는 삶(vita contemplativa)'인 것입니다.

지현   이 삶 이후에 무엇이 있을 거라는 믿음, 그리고 자신이 보잘것없는 존재라는 깨달음이 종교의 시작이겠지요. 하느님, 부처님 밑에서 보면 인간의 깨달음이라고 하는 것이 참 초라하고 안다고 해도 별것 아니고 모르는 게 참 많다고 생각하게 되지요. 그렇게 종교는 우리로 하여금 조금씩 더 진보하고, 더 공부하게 만드는 역할을 했어요.

  그런데 지금 한국 사회에서는 신앙을 가진 사람이 굉장히 줄어들었어요. 신의 존재 자체를 부정하기도 하고요. 예전에는 세상 위에 초월과 불가해라는 큰 세계가 있다는 것을 인정하며 살았기 때문에 겸손할 수 있었는데, 지금은 그 위를 인정하지 않으니 자기 영역에서 자기만큼 알면 최고가 된다고 생각하는 거예요. 개구리가 자기 우물 안에서는 제일 똑똑하고 짱을 먹을지라도 개구리는 개구리일 뿐인데요.

기호   관조하는 삶을 통해 인간이 깨닫게 되는 것이 사실 삶의 무상함이겠지요. 또 그 무상한 삶을 살아가는 보잘것없는 존재로서의 인간에 대한 인식일 것입니다. 저는 이 영성적 태도가 매우 중요하다고 생각해요. 신을 죽이면서 인간의 자아가 비대해지는 결과가 초래되었다고 보기 때문입니다.

  돌아보면 현대인의 대부분은 과잉 주체 혹은 비대해진 자아로 힘들어하고 있어요. 한편에서는 자신이 무엇이든 다 할 수 있고 세상 무엇보다 중요하다는 자의식이 강합니다.

내가 세상의 중심이 되어야 하지요. 그러지 못하면 견디지 못해요. 초라해지는 것, 하찮은 존재로 여겨지는 것, 주변화되는 것, 이 모든 것을 견디지 못합니다.

그러나 다른 한편으로 실제 세계에서 나의 존재는 보잘것없습니다. 잘난 사람들이라고 다르지 않아요. 얼마나 공부를 잘했건, 얼마나 많은 성과를 냈건, 지금 받는 보상이나 대우가 그에 걸맞다고 생각하는 사람은 많지 않습니다. 다들 패배감을 느끼면서 살아가고 있어요. 그러다 보니 극소수를 제외하고는 자존감이 바닥을 칩니다. 자의식은 높은데 자존감은 바닥인 위험한 상황이 벌어지고 있는 거예요.

마음 챙김을 하는 영성수련가인 조영훈 선생에 따르면 영성적 수련이 이 문제에 대한 좋은 접근법이 될 수 있어요. 의식을 상위 의식으로 고양하는 과정에서 인간은 자신이 보잘것없는 존재라는 자각을 하게 됩니다. 항상 자신보다 더 큰 것이 있으며, 끝없는 것이 있음을 알게 되거든요. 반면 인간은 끝이 있습니다. 죽으니까요. 그러나 이 사실이 절망으로 이어지지만은 않습니다. 오히려 인간은 끝이 있는 존재이기 때문에 겸손해질 수 있어요. 끝이 있는 '나'라는 존재 안에 끝이 없는 진리를 다 담아낼 수 없으니까요. 만능감에서 벗어날 수 있다는 점에서 끝이 있다는 것은 인간을 해방시킵니다. 반면 진리를 향한 추구는 끝이 없어요. 우리는 그 끝없는 과정에 동참함으로서 위대해질 수 있습니다. 만능감에서 해방되어 겸손하면서 동시에 위대해질 가능성이 열리는 거예요. 이런 점에서 진리를 향한 끝없는 과정에 동참하는 위대한 실험을 교육이라고 할 수 있어요. 교육이 위대한 이유입니다.

또한 인간이 보잘것없는 존재라는 깨달음은 무기력이나 자기 자신에 대한 실망이 아니라 타인에 대한 연민을 갖게 합니다. 연민은 자의식 과잉이나 회의주의에서 벗어나는 데 결정적인 역할을 해요. 연민은 타자화가 아니라 인간 존재의 공통성에 대한 자각입니다. 연약하고, 깨지기 쉽고, 보잘것없는 이 존재가 그럼에도 불구하고 살아가기 위해 애쓰는 것을 보며 느끼는 기특함과 고마운 마음이 포괄되었다고 봐야 해요. 이 연민하는 마음이 있기에 우리는 과잉된 자의식에서 벗어나 다른 이와 함께하려는 마음, 연대하는 마음을 낼 수 있어요.

믿음을 되찾기 위해

레벨 업과 성장 사이

지현 요즘은 '육각형 인재'라는 표현이 흔히 쓰입니다. 1990년대 중후반부터 서비스된 축구 게임 〈위닝일레븐〉에서 유저의 주요 능력치를 육각형 그래프로 표현하던 방식이, 점차 실생활의 다양한 영역에 쓰이면서 유행처럼 번진 단어예요. 공부 시간을 제외하고 많은 시간을 게임에 할애하면서 삶과 사회의 규칙을 익힌 사람들은 은연중에 게임 캐릭터를 키우듯이 양육을 합니다. 게임은 유저를 배신하지 않잖아요. 노력한 만큼 분명한 보상이 돌아오고요. 게임 캐릭터를 힐러, 전사, 마법사, 탱커로 키우듯이 자기 아이도 한 가지 능력이 엄청나게 뛰어나거나 또는 육각형이 모두 꽉 찬 인재가 되기를 바라는 거예요.

기호 저희 학교 교수진이 만화와 소설의 캐릭터들을 중심으로 담론집을 하나 만들었어요. 주제가 '성장과 레벨 업 사이의 서사'예요. 게임이 삶을 이해하는 원형적 경험이 되면서 인간의 성장을 곧 레벨 업이라고 생각하는 경우가 많아졌어요. 그런데 레벨 업과 성장은 성격상 많이 다릅니다. 설명하려면 많은 것이 필요하겠지만, 직관적으로 생각해보면 되겠습니다. 성장에 내면적 성장이 포함된다면 레벨 업은 객관적으로 측정 가능한 전투력이나 평판 등을 비롯한 외면적 성장이 더 중요해요. 그리고 그것을 외형으로 보여주는 것이 아이템입니다. 무기와 갑옷, 신발과 투구 그리고 특별한 코스튬 등의 도구들을 지속적으로 업그레이드하는 것이 레벨 업이에요.

지현
의학적으로 성장 과정은 기준을 어디에 두는지에 따라 발달(development), 성장(growth), 성숙(maturation)으로 나눠서 볼 수 있어요. 먼저 발달은 생애 전반에 걸쳐 일어나는 심리, 인지, 사회적 변화를 모두 포괄하는 의미로 쓰입니다. 성장과 성숙을 다 포함한다고 볼 수 있어요. 성장은 신체의 양적 변화에 제한해 쓰입니다. 키가 자라고 몸무게가 느는 것처럼요. 성장은 객관화와 수치화가 가능하다는 장점이 있어요. 한편 성숙은 상대적으로 질적 의미를 가집니다. 생물학적 기능이나 구조가 완전히 발달하여 제 기능을 할 수 있는 것처럼요. 예를 들어 전두엽 발달로 인해 철이 드는 것도 성숙이에요. 그런 면에서 발달은 광의의 개념이고, 성숙은 질적으로 더 나은 사람이 되어가는 것이라고 구별할 수 있겠습니다.

그런데 게임의 레벨 업은 발달, 성장, 성숙 중 어디에 속하는지 흥미로워지네요. 제가 보는 레벨 업은 단순합니다. 한 레벨에서 아이템을 다 얻으면 그다음 레벨로 올라가는 것이지요. 제가 몬스터와 싸워서 졌다면 그 과정에서 무엇을 얻었는지 피드백한다고 해서 이득을 보는 게 전혀 없잖아요. 어떻게든 무조건 싸워서 이기는 게 중요하니까요. 그다음 레벨에서도 마찬가지고요.

체험이 경험이 되지 못할 때

기호 선생님이 말씀한 피드백을 하는 과정이 레벨 업과 성장을 가르는 결정적인 요소예요. 사상가이자 문화이론가인 발터 벤야민이 『역사의 개념에 대하여』[13]에서 말한 '역사의 천사' 비유가 유명하잖아요. 한줄기 난폭한 바람이 불어와 역사의 천사의 날개에 부딪치고, 이 바람은 천사를 끊임없이 그가 등을 돌린 미래로 날려 보내요. 그동안 천사의 눈앞에서 폐허는 하늘을 찌를 듯 높아만 갑니다. 이 장면에 대한 다양한 해석이 있지만, 혹자는 천사가 과거를 응시하며 미래로 날아간다고 해석하기도 해요. 성찰, 돌아보는 것이지요. 여기서 성찰은 잘했는지 잘못했는지, 무엇이 잘못되었는지만이 아니라 의미와 가치까지 포함하여 돌아보는 것을 의미합니다.

기술적으로도 마찬가지예요. 복기하지 않으면 기술을

익히고 내 것으로 만들기 힘들어요. 이처럼 교육에서는 돌아보는 것이 핵심입니다. 한번 해봤다 정도가 아니라 해본 것을 돌아보고 곱씹으며 언어화하는 것이 성장의 핵심이라고 할 수 있어요. 이 돌아봄을 통해 인간의 체험은 경험이 될 수 있습니다. 교육철학자 존 듀이의 이론에 따르면 체험이 어떤 것을 한번 해봄(trying)이라고 한다면 해본 것을 통해 무엇을 겪고, 그 겪음(undergoing)의 과정을 곱씹으며 이유와 의미, 가치를 발견하여 말할 수 있게 되면 그건 비로소 경험이 됩니다. 이런 점에서 체험을 경험으로 전환하는 과정이 바로 배움의 핵심이라고 말할 수 있어요.

고전적 서사의 관점에 따르면 주인공의 성장은 결핍과 상실로부터 시작됩니다. 대부분 상실로 인해 트라우마를 겪지요. 상실로 인해 입은 상처를 치유하는 과정에서 주인공은 인간과 세계, 그리고 운명에 대한 어떤 깨달음을 얻습니다. 이 깨달음을 통해 주인공이 자기 자신과 주변 사람, 그리고 세계에 대한 인식과 태도, 방법이 달라집니다. 외적으로 전투력이 레벨 업 되는 것과 별개로 이런 내적 성장이 포함되어야 성장이라고 할 수 있어요. 한강의 『채식주의자』도 트라우마가 자기 자신을 파괴하는 이야기잖아요.

그런데 제가 트라우마에 관한 흥미로운 이야기를 동료 교수에게서 들었습니다. 웹소설 작가이자 청강대학교에서 웹소설 창작을 가르치는 김선민 교수에 따르면, 다 그런 것은 아니지만 남성향 웹소설의 특징 중 하나가 주인공이 트라우마를 겪지 않거나 혹은 트라우마에 집중하지 않는다고 해요. 생각해보면 만화〈드래곤볼〉이나〈원피스〉도 주인공이 트라우마가 없거나 트라우마 극복이 이야기의 중심이 아니에요. 이야기의 초점은 지속적으로 전투력을 상승시키는 데 있어요. 이런 이야기를 하면 많은 사람이 레벨 업에 혀를 차면서 "요즘 애들 큰일"이라고 말합니다.

그런데 이런 말을 하는 사람들이 착각하는 것이 있어요. 사실 한국의 교육은 성장을 추구한 적이 거의 없습니다. 오히려 한국의 교육이야말로 레벨 업이었어요. 학력고사부터 시작해서 지금의 수능까지 입시 방법은 수없이 바뀌었지만 아이템처럼 장착한 학벌이 평생을 따라다닌다는 점에서 우리는 최종 아이템을 장착하기 위해 전투력을 높이는 훈련만을 해왔어요. 문제를 풀고 정답을 빨리 찾아 점수를 올리기만 했지, 문제가 무엇인지 인식하면서 그 속에 자기 자신을 연루시키는 과정이 없었어요.

지현
선생님이 '트라우마'라는 단어를 썼는데 저는 주로 '실패'라고 말해요. '외상'과는 다른 말이에요. 모든 실패가 외상을 남기지는 않으니까요. 그런데 서사의 세계에서는 외상이라고 묶어 말할 수 있는 것들이 있지요. 많은 주인공이 외상을 통해 나락으로 떨어지는 게 아니라 성장해나가요. 이를 '외상 후 성장(post-traumatic growth)'이라고 말합니다. 외상 후 성장을 경험하는 사람이 외상 후 스트레스 장애를 겪는 사람보다 훨씬 많아요. 그런 의미에서도 인간의 발달에 실패는 필요합니다.

공부를 레벨 업의 관점에서만 보면 공부 외 시간의 대부분을 게임을 하거나 웹소설을 보면서 자란 청년들에게 실패는 절대 존재할 수 없고, 하나도 도움이 되지 않는다는 생각을 할 수밖에 없을 듯합니다. 하루라도 빨리 레벨 업을 해서 마지막 판에 도달해 만렙을 찍는 게 우선이니까요. 게다가 레벨 업의 세계에서 실패는 존재하지도 기록되지도 않아요. 그러니 내 성장 발달에 도움이 안 되는 실패가 가치 없다는 생각이 들 수밖에 없어요. 하면 할수록 데미지만 입고 시간이 아까운 거예요. "이런 건 뭐 하러 해?"라는 말이 나올 수밖에 없지요.

그런데 외상 후 성장의 관점에서 보면 쓸데없이 보이는 것도 나중에 다 쓸모가 있을 수 있어요. 우리에게 필요한 건 이 효율성과 강박의 세계에서 벗어나 실패를 용인하는 것, 실패할 수 있다는 걸 부모도 그렇고 본인도 인정하는 것이에요. 저는 이것이 마음의 성숙과 성장에서 정말 중요하다고 생각해요. 다시 한번 강조하지만 우리는 우리가 실패할 수도 있는 사람임을, 그리고 실패가 나쁜 게 아님을 알아야 해요.

주체는 어떻게 탄생하는가

기호 실패하고 상실하지 않으면 인간은 복기를 잘 하지 않겠지요. 성공과 충만함은 축하의 대상이지 복기의 대상이 되지 않으니까요. 돌아보는 것을 통해 인간은 서사적인 존재가 될 수 있습니다. 서사적 존재의 핵심은 단절을 통해 연속성을 확보하는 것인데, 존 듀이 식으로 말하면 '갱신을 통한 전승(renewal of life by transmission)'이라고 할 수 있어요.

사실 삶의 서사가 잘 꿰인 구조를 갖출 수 있다는 말 자체가 환상이에요. 아시다시피 삶은 그렇게 기획된 대로 연속적으로 흘러가지 않아요. 늘 우리는 주어지는 대로, 닥치는 대로 살아요. 그냥 사는 경우도 많고요. 그래서 삶은 대부분 파편화되어 있습니다. 각각의 에피소드로 파편화되어 있지, 하나의 내러티브로 잘 꿰여 있지 않아요.

이런 점에서 삶의 내러티브는 사후 성찰을 통해 만들어진다고 볼 수 있어요. 그래서 인간이 서사적 존재가 되기 위해서는 무엇보다 복기를 통한 성찰이 필요합니다. 이 성찰을 통해 상실과 실패가 그저 손실이 아니라 의미 있는 것이 되어 삶에 통합될 수 있어요. 의미가 서사를 만드는 셈입니다. 여기서 문제는 실패와 상실을 의미로 삶에 통합시키는 것이 한편에서는 너무 '정신 승리'로 보이면서 냉소하고, 다른 한편에서는 그만큼 이 작업에 피로감을 느낀다는 점입니다. 혹자는 그런다고 뭐가 바뀌냐고, 바뀌는 것도 없는데 뭘 그렇게 복잡하게 생각하냐고 하지요. 그냥 실패면 실패, 성공이면 성공이라고 생각해요.

이런 관점에서는 지금 우리에게 가치 있는 것은 '의미'가 아니라 '성공'입니다. 레벨 업에 성공하는 것이 중요하지, 실패에서 의미를 발견하는 것은 정신 승리에 불과해요. 저는 이런 양상이 웹소설을 보거나 게임을 하는 세대에게서만 나타나는 건 아니라고 생각해요. 앞에서도 이야기했지만 한국은 애초부터 공부가 곧 레벨 업인 세계였어요. 학력고사가 전형적인 레벨 업이었지요. 그러니 우리는 레벨 업이 성장일 수 있냐는 질문조차 잘 던지지 않아요. 오히려 반대로 '아니, 레벨 업 아니면 뭐가 성장이야?'라고 질문하지요. 성장을 경험한 적이 없으니까요.

이런 점에서 우리가 반드시 생각해야 할 질문은 '학교란 무엇인가?'입니다. 제가 강의하는 청강대학교가 강조하는 비전은 '좋은 학교'예요. 보통 전문대라고 하면 '취업 사관 학교' 같은 모토를 걸잖아요? 그런데 좋은 학교를 모토로 하고 있어 이사장에게 물어본 적이 있어요. 좋은 학교가 무엇이라고 생각하는지에 대해서요. 학생들이 행복하고 성장하는 학교라고 말하더군요. 그런 좋은 학교가 되기 위해서라면 '청강'이라는 이름이 없어져도 상관없다는 말을 들었어요. 솔직히 많이 놀랐습니다.

돌이켜보면 한국 사람들 중에 학교를 다닌 경험이 있는

사람은 별로 없어요. 학교라고 경험하며 다니던 곳은 대부분 학원이에요. 레벨 업이 일어나는 곳이 학원, 성장을 도모해가는 곳이 학교라고 도식적으로 나누자면 우리는 늘 학원을 다녔던 거예요. 학교가 학원처럼 운영되면 우리의 교육과 공부의 과정이 레벨 업에 최적화되는 형태로 진화할 수밖에 없다고 생각해요. 이렇게 보면 우리가 앞서 이야기했던, 유능하지만 무척이나 무능력한 '터널 비전(tunnel vision)'을 가진 사람들이 양산될 수밖에 없어요. 학원을 너무 폄하하는 것 같아 첨언하면 어떤 학원은 레벨 업만 추구하기보다 원생을 열심히 돌보기도 합니다. 열성적인 학원 강사는 인생 상담부터 시작해서 많은 지도를 하기도 하고요.

방에 갇힌 아이들

지현

이제 학교라는 공간을 이전과는 다르게 활용해야 하지 않을까요? 교과 과목을 공부하는 것도 물론 중요하지만, 무엇보다 학교는 아이들이 사회성을 키우는 공간이자, 사람들의 환대를 경험하는 공간이 되어야 해요. 본격적으로 사회에 나가기 전에 조금 더 안전한 공간에서 규율과 끈기를 배울 수 있는 공간이요.

저에게 찾아오는 청년 중에는 단기직을 유지할 최소한의

근면성조차 존재하지 않은 친구가 더러 있어요. 그런 상태로 자기 방에서 게임만 하고 있어요. 부모나 본인은 게임 중독을 치료해야 한다고 판단하고 저를 찾아와요. 그렇지만 그건 게임의 중독성에 함몰되어서 벗어나지 못하는 상황이 아닌 경우가 많습니다. 그냥 다른 할 게 없어서 가장 익숙하고 편한 곳에 머무르고 있는 겁니다. 자기 방 밖은 위험하고 힘이 들고 노력도 해야 하고, 실패할 확률이 높고, 실제로도 몸과 마음이 아프니까요.

또 과잉 양육을 받고 자란 아이들은 학교를 굉장히 위협적인 공간으로 생각합니다. 안전하고 즐거운 시간을 보내는 게 아니라, 사소한 갈등에서도 큰 위협을 느끼고 언제든 사고가 발생할 수 있는 정글이라고 생각하는 경향이 강하지요. 넘어져본 적도 없는, 생채기가 나본 적도 없는 아이들이기 때문에 살짝 긁히는 것만으로도 너무 두렵고 겁이 나는 겁니다. 학교에 가는 것 자체가 굉장한 모험이 되는, 그래서 자기 방 안에 있을 때 가장 평온한 아이들이 늘어나고 있어요.

지난 몇 년 사이에 학교를 가지 못하는 아이들의 분포가 바뀐 것이 눈에 띕니다. 과거의 학교를 다니지 않는 아이들은 일탈 행위로 가출을 반복하거나, 위험 행동으로 학교나 집에서 통제가 잘 안 되는 경우, 혹은 심한 폭력의 피해자였어요. 하지만 요즘은 다른 양상이 보입니다. 어느 순간부터 학교를 두려워하는 아이들이 생겨나고 있어요. "교복까지 다 입고 집 밖에 나서려다가 멈춰요"라는 말을 해요. 심지어 부모가 학교 앞까지 차로 데려다주어도 교문 안으로 들어가기를 포기해버리는 날이 늘어나지요. 저를 찾아오는 아이들을 보면 생활 소음에 무척 예민하게 반응해요. 또 어쩌다 다른 학생과 몸이 부딪힐 수도 있잖아요, 그걸 위협으로 느껴요. 그러니 집중도 잘 안 되고 예민하고 공부를 하기 힘들어하지요. 하루하루 더 버거워지다 출석 일수를 채우지 못하고 자퇴로 이어지고는 합니다. 이런 상황을 소아정신과 의사 류한욱과 인지심리학자 김경일 쓴 『적절한 좌절』[14]에서 '집으로 가출한 아이들'이라는 절묘한 표현으로 설명했지요.

과거의 청소년들은 권위적인 부모에게서 벗어나기 위해 갑갑한 집에서 가출했는데, 지금의 청소년에게는 도리어 학교가 위험한 곳이 되어버렸어요. 집 안으로, 자기 방 안으로 가출해버리는 거예요. 학교는 시끄럽고 불편하고 타인의 시선을 종일 견뎌야 하는 곳이니 교실에 앉아 있는 것만으로도 지쳐버립니다. 반면 방 안은 안전하고 평온하고 자기만의 시간을 보낼 수 있어요. 상황이 심각해지면 집 밖으로 나가는 것조차 용기를 내야 하는 일이 됩니다.

사실 이것도 앞서 말한 정서적 비만의 부작용 중 하나예요. 부모가 아이를 '열심히' '잘' 양육하기 위해 장애물을 제거한 행동들이 아이의 사회적 근육을 흐물흐물하게 만들어 정서적으로 과민하게 만든 거예요.

｜ 아이들에게는 세상을 향한 진짜 가출이 필요합니다.

기호 학교는 사회화의 공간이자 다른 말로 하면 사회적 상징 작용의 공간입니다. 나와 다른 존재를 만나서 끊임없이 상호 작용을 할 때 사회적 상징 작용이 일어나지요. 그런데 지금의 학교는 계급적으로 분절화되어 있어요. 중산층은 중산층끼리, 하위층은 하위층끼리 몰려다니고 있어요. 자신과 다른 타인과 대화하고, 이야기를 듣고, 이해가 안 되더라도 감수하기도 하는 그런 총체적인 과정이 일어나지 않아요. 한국의 학교는 등급제가 아니지만, 실제로는 학력에 따라 학교가 서열화되어 있어요. 그러면서 학력 서열과 계급이 밀접하게 맞물려 있다는 것도 특징입니다. 게다가 지금 아이들 사이에서는 '학급'이라는 개념도 별로 없어요.

지현 이동 수업* 때문일까요?

기호 이동 수업의 영향도 분명 큽니다. 또 아이들이 기본적으로

---

* 교육부가 2018년에 도입 계획을 발표한 고교학점제는 학생이 진로와 적성에 따라 선택한 과목에 따라 교실을 이동하며 수업을 듣는 방식으로 운영된다. 이 제도는 2020년 마이스터고, 2022년 특성화고에 이어 2025년 3월부터 전국 모든 고교 1학년 과정에 전면 적용되었다. 입시 중심의 경직된 교육에서 벗어나 학생의 성장을 도모하고, 보다 유연하고 개별화된 교육과 수평적 다양화를 지향하는 것이 핵심 취지다. 고교학점제의 도입 이후 수도권과 비수도권 학교 간 교육 여건의 격차가 드러나고, 진로가 뚜렷하지 않은 학생에게는 과목 선택 과정 자체가 부담이 될 수 있다는 우려가 제기되고 있다.

서로에게 약점 잡히지 않아야 한다고 생각하는 게 커요.
아이들 사이가 완전히 부족주의화되어서 자기 집단
안에서만 사회적 상호 작용이 일어나지요. 집단의 경계를
넘어서지 않아요. 조금이라도 다른 상황을, 익숙하지 않은
상황을 마주 대하는 것을 못 견뎌 해요.

　인문학자 로버트 D. 퍼트넘이 『우리 아이들』[15]에서
지적하듯이 미국도 마찬가지예요. 1970년대에서
1980년대로 넘어가면서 완전히 동질화된 사회로
바뀌어버렸지요. 사실 이렇게 되면 사회적 상호 작용의
역량은 엄청나게 떨어질 수밖에 없어요.

지현　학생들 말을 들어보면 소셜 믹싱, 그러니까 서로 다른
배경의 사람들과의 만남을 처음 경험하는 곳이 군대라고
하더라고요.

기호　맞아요. 제 학생들도 많이 하는 말이에요. 군대 가서
다양성을 배웠대요. 그래서 제가 친구들에게 우스갯소리로
우리가 군대를 다시 사유해야 한다고 말한 적도 있어요.
전에는 모든 폭력의 근원이 군대라고 했는데 이제는 모든
폭력의 근원이 학교로 바뀌었고, 오히려 다양성을 배우는 건
군대가 되었다고요.

　근대적인 의미에서 학교의 가장 큰 목표는 개인을
만드는 동시에 시민을 만드는 것입니다. 이 두 가지가 함께

이루어져야 해요. 학교 교육의 중요한 역할은 개인에게 자아 실현의 욕망을 불어넣고, 자아를 실현할 직업을 찾게 하는 것이었어요. 고전적으로 표현하자면 개인이 만들어지기 위해서는 삶을 생애사적으로 기획하는 역량이 필요해요. 개인이 삶을 생애사적으로 기획하는 까닭은 삶에 가치와 지향점이 있기 때문이고요. 여기서 우리가 어떤 삶을 지향하면서 살아야 하냐고 묻는다면 과거에는 '행복'을 지향해야 한다고 했어요. 이 행복은, 가령 교사라면 교사로서 성장하고 완성되어가는 과정을 삶에 통합시키는 것이겠지요.

이제는 누구도 이런 의미에서 행복해지기를 바라지 않는 것 같아요. 흔히 쓰는 표현대로 한다면 이제 우리는 '안온하게' 살고 싶어 해요. 그러니 이제 직업을 통한 자아 실현에 관심이 없어요. 직업과 자아 실현이 분리되었고 직업 활동은 돈을 버는 일로 전락했어요. 직업은 도구일 뿐이고 개인은 직업을 통해 돈을 벌어서 여가 시간을 재미있게 보내기를 바라지요. 이 말인즉 삶의 가치와 의미와 지향은 일 끝나고 취미 생활 하는 데 있다는 거예요. 이런 양상은 자본주의의 논리적 귀결점이기도 합니다.

하지만 노동과 직업을 통해 자아 실현을 하는 근대적인 관점에서 보면 상황이 완전히 역전되었어요. 한국뿐만 아니라 전 세계적으로 이런 의미에서의 자아 실현은 없어졌어요. 이런 걸 운운하는 사람이야말로 소위 '꼰대'가

되었어요. 아주 냉소하지요. 소명 의식, 직업 윤리 같은 게 통하지 않고 완전히 도구화되었어요. 그렇다면 이제 개인의 삶은 어디에 있을까요? 소비하는 삶에 있어요.

상황이 이렇게 되니 청소년들에게 하고 싶은 게 무엇인지 묻는 일이 아무 의미가 없어졌어요. 청소년들은 그 말을 듣기 싫어합니다. 예전부터 그랬지만 대학은 당연히 점수 맞춰서 가는 곳이고요. 거기에 별다른 불만이 없어요.

사회학에서 쓰는 표현대로 한다면 생산과 재생산의 시간이 완전히 분리되어서 노동 시간과 휴식 시간이 두부모 자르듯이 완전히 나뉘었어요. 1990년대의 유산이기도 한데요, 이제 사람들은 삶의 즐거움과 기쁨을 다 취미에서 찾아요. 더 이상 노동에서 찾지 않아요. '덕업일치' 같은 건 바라지도 않지요. 취미 생활을 하기 위한 돈을 벌 수 있는 경로들을 아주 어릴 때부터 설계합니다. 이 때문에 지금 이 세상에서 행복을 추구하는 유일한 집단이 '오타쿠'들이라는 말까지 생겨나고 있어요.

지현
맞아요. 직업 윤리, 소명 의식보다는 노동이 단위 시간당 어느 정도의 보상을 주는지가 중요해졌어요. '워라밸'을 중요하게 여기지요. 라이프 안에 워크가 있는 건데, 워크와 라이프를 별개로 생각해요. 그러다 보니 제로섬 게임이 되어서 일하는 시간이 길어지면 손해 보는 삶을 살고 있다는 단순한 산수를 하게 됩니다. 내 라이프가 갉아먹히고 있다고

┃ 느끼지요.

작업 없는 노동

기호   바우만의 표현대로 한다면 이런 삶은 전형적으로 '파편화된 삶'입니다. 일하는 시간과 쉬는 시간이 딱 분리된 삶이요. 앞서 말했듯이 생애사적 기획으로 노동을 통해서도 '나'를 실현시키고 통합해야 하는데, 일은 그냥 돈 버는 수단이라고 생각하고 분리해버려요. 근대에는 이런 세태를 불행이라고 정의했어요. 그런데 이제는 전혀 불행하다고 느끼지 않아요. 이런 삶이 너무 당연하니까요. 행복하기 위해서는 이 도구화된 직업, 도구화된 일에 들이는 시간을 줄여야 하니까요. 일하는 시간이 늘어나면 늘어날수록 불행하다고 생각해요. 어떻게 보면 자본주의를 너무 잘 알고 있는 것이지요. 직업을 통한 자아 실현이 판타지라는 걸 너무 잘 알고 있어요.

직업을 갖는다는 게 돈 버는 것이라는 의식은 있는데, 일하는 사람이 될 준비는 안 되어 있어요. 직업의 세계에 들어갈 때 요구되는 행동 강령부터 시작해서 직업 윤리에 대한 의식이 없어요. 오히려 직업은 삶을 방해하는 것, 삶을 옥죄는 것이라고 생각합니다. 아렌트의 개념대로 한다면 이제는 노동(labor)만 있고 작업(work)이 없어요.

수업을 예로 들면, 선생이 학생들에게 수업을 한다면 이 수업이 자기 작품이라는 생각이 있어야 해요. 그런데 이제 수업은 상품이라는 의식만 남아 있습니다. 상품을 잘 만들어서 팔고 돈을 번다는 인식만 남아 있어요. 선생님과 제가 이 책을 만드는 것도 마찬가지예요. 어떻게든 더 잘해보려고 대담을 한 번 더 하기도 하고, 고치기도 하고, 살피기도 하는 게 작업이겠지요. 한데 사회 전반적으로 그런 의식이 사라졌어요.

저는 이게 한국 사회의 가장 큰 불행이라고 생각해요. 제가 최근에 일본 여행을 갔다가 참 놀란 장면이 하나 있습니다. 고속도로 휴게소에 가면 일하는 할아버지 할머니를 많이 볼 수 있어요. 그분들 표정을 보면 참 기뻐하고 있어요. 이 나이에 여전히 일을 할 수 있다는 것에요. 같이 간 친구가 이런 이야기를 하더군요. 한국 사람들에게서는 이런 표정을 볼 수 없다고요. 자신이 '여기' 있을 사람이 아니고, 이 돈 받고 이런 일을 하고 있는 것에 절망을 느낀다는 거예요.

실패를 견딜 수 없는 아이들

지현 공부를 포기하는 아이들의 특징 중 하나는 '자기애'예요. '이카로스 콤플렉스'라고 말합니다. 그리스신화에서 이카로스가 아버지의 만류에도 불구하고 하늘 끝까지 올라가려다 태양에서 떨어진 촛농으로 추락해 죽게 되잖아요. 정신분석학에서는 이카로스가 자신이 죽지 않을 거라고 생각했다고 봐요. 10대에게서 보이는 자기애의 특징은 불멸의 환상, 즉 전능감입니다. 〈슬램덩크〉에서 강백호가 부상으로 엄청 고통스러워할 때 감독의 만류에도 불구하고 "영감님의 영광의 시대는 언제였나요? 국가대표 때였나요? 난…… 지금입니다!"라며 경기에 나간 장면에서도 저는 같은 환상이 작동했다고 봅니다.
　지금의 10대에게서 보이는 강화된 자기애의 양상은 자신이 뭐든 할 수 있고 절대 박살 나지 않으리라는 믿음이에요. 요즘 말로는 '근자감'이라고도 하지요. 자신감을 가진 채 뭔가를 시작하긴 하는데, 일이 예상과 달리 진행되면

몇 번은 다시 시도하지만 결국 포기하고 말아요. 이럴 때 자기애가 손상되는 건 싫어서 노력이 충분하지 않았다는 걸 인정하는 대신 다른 방식으로 자신을 방어합니다. 재능이 없다고 생각하는 거예요.

아이들은 재능이라는 단어를 굉장히 강력하게 생각해요. 어릴 때부터 부모로부터 자신이 잠재력이 있고 잘하고 있다는 칭찬을 받으면서 자랐어요. 너는 사랑받기 위해 태어난 아이고, 우리 집의 모든 자원이 너에게 투여되고 있다는, 큰 기대를 받으면서 자랐지요. 그러던 아이가 학교에 들어와서 시험을 치르고 나면 다른 걸 느끼게 되지요. 뛰어난 아이들이 여기저기서 올라오는데 자신은 그만한 성취를 내지 못하는 순간, '더 열심히 해야지'가 아니라 '나는 공부에 재능이 없어'라고 판단합니다. 자신이 공부에 재능이 없기 때문에 해봤자 안 된다고 생각하지요. 그렇게 쉽사리 포기해버리면 더 크게 다치지 않고 자기애를 보호할 수 있어요.

공정한 게임과 불공정한 현실

기호
성취의 관점에서 보면 게임은 리워드 시스템이 아주 촘촘하게 잘 짜여 있어요. 유저가 게임을 떠나지 않게 만드는 것이 핵심이기 때문에 시스템이 투명하기도 하고 촘촘하기도 합니다. 그런데 우리가 사는 현실은 불확실성이 확실성보다 더 크고 불투명성이 투명성보다 더 높습니다. 현실에서는 노력한 만큼의 보상을 받지 못할 수도 있어요. 다 헛방으로 날아갈 수 있는 거예요. 더군다나 현실에서는 견디는 힘이 필요한데 게임에 익숙해지면 견디는 힘을 키우기 힘듭니다. 그리고 또 하나는 게임은 굉장히 공정하거든요. 그런데 현실은 하나도 공정하지 않아요.

지현   그래서 자신이 공부와 잘 맞지 않는다, 머리가 나쁘다는 등 극단적인 이야기를 하기 시작합니다. 그렇게 말함으로써 주변 사람들의 기대를 부정하고 싶은 걸까요? 그러면 부모도 아이를 방치하게 되는 경우가 많아요.

  물론 재미있게 공부하고 싶은 마음이 있는데 스스로를 돌아볼 마음의 여유가 없는 면도 있습니다. 다른 사람과 계속 비교하게 되니까요. 과거에는 행동반경 내의 아이들만 보였다면 지금은 SNS에서 너무 대단한 아이들의 대단한 면을 볼 수 있잖아요. 그게 사람을 참 쉽게 소진시킨다고 생각해요. SNS의 사람들은 어쩌다 한 번 한 경험을 멋지게 포장해서 보여줘요. 그런 게시글을 열 개, 백 개 보다 보면 기본의 세팅값이 비현실적으로 달라집니다. 이건 특출난 경우일 뿐이라고 받아들이기보다 다들 이만큼 하고 산다고 생각하기 쉬워요. 그러면 '내 인생은 뭐지?'라는 생각까지 하게 되는 거예요. 그게 굉장한 불행과 좌절감을 느끼게 해요. 아니, 좌절을 경험하기도 전에 시작 자체를 안 하게 만들지요. 그래서 참 안타깝습니다. 제가 봐도 SNS에 올라오는 일상이라고 태그된 사진들은 절대 일상일 수 없는 대단한 것들인데, 10, 20대 친구들이 보면 어떻겠어요. SNS에서 보이는 삶을 따라가려는 아이들과, 자기 방에 가만히 박혀버리는 아이들로 나뉘는 양상이 보여요. 지금 가장 효용이 높은 공부는 '성공 팔이' 같아요. '동기 부여'나 성공 팔이 하는 사람들이 자기 계발 플랫폼을 만들어서 엄청난 돈을 버는 세계가 펼쳐지는데, 그게 하나의 공부가 되지요. 누군가는 오로지 자기 자신에게만 투자하는 세계로 빠지는 한편, 누군가는 일체의 사회 활동을 포기하는 양극화가 일어나고 있어요.

하지만 자기 계발의 세계에 있는 사람들도 힘들기는 마찬가지예요. 제가 강연을 다니다 보면 열심히 사는 현대인의 표본 같은 사람들도 조급함과 불안을 호소합니다. 대기업에 다니면서 자격증 공부에 운동에 부동산까지, 아주 성실하고 부지런하게 살아요. 그런데 왜 불안할까요? 상방(上方)이 끝이 없기 때문이에요. 위로 가는 길은 종착점이 없어요. 이 정도면 충분하다고 여기서 멈추자고 하는 사람이 없고 스스로 알아차리기도 힘들지요. 그렇게 해서 목표 레벨에 간다고 해도 또다시 남과 비교를 하고 있어요.

용인되는 실패는 없다

지현
경쟁에서 우위에 선 사람이 보이는 주된 감정이 불안이라면, 열세에 있는 사람은 주로 열패감에서 비롯된 분노를 가지고 있어요. 심각한 경쟁 세계에 있다 보면 한 번의 실패를 곧 존재의 붕괴로 받아들이기 쉽습니다. 물론 전혀 근거 없는 생각은 아니지만, 인생이라는 긴 경주에서 보면 모든 실패가 반드시 치명적인 건 아니에요. 그런데 자신을 실패자로 규정하면 다시 시도할 용기조차 잃어버릴 수 있어요. 그런 선택은 안타까워요. 실패가 그다음을 가능하게 하고, 발전의 계기가 될 수도 있다는 걸 깨닫기가 참 어려운 상황이에요.

기호
실패해도 된다는 말이 지금 너무 여기저기서 상투적으로 쓰는 알리바이가 되어버렸습니다. 많은 학교들이 요즘 '실패'를 교과 과정 안에 끌어들이려 하고 있어요. 『모멸감』[16]을 쓴 김찬호 교수가 이야기한 것인데, 이 방식을 먼저 시도한 곳 중 하나가 카이스트예요. 카이스트의 '실패연구소'*가 주도해서 실패를 교과 과정에 넣으려다가

---

*   2021년 6월에 문을 연 카이스트의 실패연구소는 구성원들이 실패를 두려워하지 않고 과감히 도전할 수 있는 문화를 조성하고자 설립되었다. 설립 첫해부터 참여형 연구, 세미나, 전시 등 다양한 프로그램을 적극적으로 펼치며 실패의 이미지를 새롭게 조명하는 데 힘을 썼다. 그러나 점차 연구소 내부에서는 '이것이 과연 실패연구소가 지향한 실패인가'라는 의문이 제기되기 시작했다. 아무리 그럴듯한

실패했어요. 그래서 그들이 '실패가 실패했다'라는 표현을 쓰는데, 실패하라고 했더니 학생들이 너무 뻔한 실패만 한다는 거예요. 도전적인 실패를 하는 게 아니라 안전하게 '저는 실패했어요'라고 보여주려고 하는 겁니다.

이 사례에서도 다들 너무 불안해하는 게 보입니다. 어디에서나 제도화된 시스템 안에서는 안전을 최우선의 가치로 추구하고 있어요. 학교부터 공직 사회, 그리고 기업에 이르기까지요. 그러면 실질적인 도전이나 혁신은 일어나지 않습니다. '시늉'만 하겠지요.

이런 점에서 실패를 용인해야 한다, 실패해도 된다는 말은 가장 기만적인 말이 되어버렸어요. 진짜 아무 실패나 해도 되는지 물어보면 결코 그렇지 않으니까요. 실패하라는 말에 안전한 실패만 하는 이유가 무엇이겠어요? 안 믿기 때문이잖아요. 학생들은 이런 불신을 삶 속에서 경험으로 습득했어요. 학교와 국가와 같은 조직에 대한 경험적 진리가 된 겁니다. 실험해도 된다고 해놓고 완전히 실패하고 나면 결국 실패로 평가하니까요. 기본적으로 우리 사회의 실험과 실패라고 하는 말에는 신뢰가 담겨 있지 않아요.

교사나 교수도 마찬가지입니다. 교수들에게 새로운

메시지를 내놓아도 정작 사람들의 마음에 깊이 닿지 않았던 것이다. 대부분의 실패담은 결국 성공을 전제로 공유되며 그 성공은 성적, 직업, 사회적 지위 등 객관적 기준으로 평가된다. 그러니 '실패로 끝난 실패', '과정으로서의 실패'는 의미 있는 경험으로 인정받지 못한다. 실패연구소 역시 다양한 방식으로 실패 사례를 모아 공유하려 했으나, 온전히 실패로 남은 이야기를 발굴하는 일은 쉽지 않았다.[17]

시도를 하라고 아무리 이야기해봤자 믿을 만한 제도가 담보되지 않으면 새로운 시도를 하지 않으려고 합니다. 책임질 수 없으니까요. 제가 어느 학교든 평가에 관한 컨설팅을 하면서 많이 하는 이야기 중 하나가, 도전적이고 실험적인 수업은 일반적인 수업과 평가 방식을 달리해야 한다고 말합니다. 도전적이고 실험적인 수업은 호불호가 극도로 나뉩니다. 내용이든 방법론이든 익숙하지 않으니까요. 가르치는 사람 역시 성공할지 실패할지 모르는 상태에서 수업을 시작하고요.

이런 점에서 학생들에게 호불호가 극도로 나뉘는 수업은 성공적인 수업이라고 봐야 해요. 도전적인 성향의 학생은 강의 평가 점수를 후하게 주고, 낯설고 불편한 수업 방식에 초점을 맞춘 학생은 점수를 아주 박하게 주니까요. 그런데 평가 점수에 평균을 내면 중간에도 못 미치는 점수가 나옵니다. 그러면 누가 도전적인 수업을 하려고 하겠어요? 그러면서도 보수적인 수업을 하면 모험 정신이 없다는 말을 듣지요.

지현
강의 평가 점수가 낮으면 승진에 영향을 미쳐요?

기호
네. 사회 전반이 그렇게 되어 있어요. 덜하다고는 하지만 학교 역시 그 영향권 아래에 있어요. 교사들뿐만 아니라 학생들도 역시 마찬가지예요. 도전하고 실험하라고 하지만 내신 성적부터 입시까지 점수는 냉정합니다.
실패했을지언정 좋은 시도였다고 해서 더 높은 점수를 받는
게 아니니까요. 그러니 어른뿐만 아니라 학생도 실험과
도전을 믿지 못하지요. 이런 상황에서 실패와 좌절이 얼마나
두렵겠습니까?

　잘하는 학생 역시 마찬가지입니다. 앞서 고도화에
익숙해진 한 가지 사례로 선흘리에 창작 캠프를 갔던 학생
이야기를 했지요. 다시 꺼내오자면, 학생은 할머니처럼
자유로운 그림을 그리고 싶었지만 손을 섣불리 움직일 수
없었어요. 눈으로 보고 머리로 생각할 때는 이것도 아름답고
이런 실험이 필요하다는 걸 알고 있지만 손이 파격과 실험을
거부했어요. 실패할 수 있다고 생각하니 도전하지 못합니다.
그건 정답에서 벗어난 오프로드니까요.

극단화와 양극화

지현
　한편으로는 지난 10년 사이에 자해하는 아이들이 너무
늘어났어요. 통계를 보면 전 세계적으로 자해는 10대 중반에
시작해 20대 중반 즈음에 줄어듭니다. 과거에는 손목
자해를 반복하면 가장 먼저 '경계성 인격 장애(borderline
personality disorder)'를 떠올렸어요. 자해 행동이 흔치
않았고, 경계성 인격 장애를 가진 사람이 타인을 제어하기

위해 자주 벌이는 문제 행동이었으니까요. 아니면 정동의 불안정으로 인한 사인이라고 간주했어요. 그런데 지금은 너무 많은 사람이 자해를 하니 '비자살적 자해(nonsuicidal self-injury)', '반복적 자해(repetitive self-mutilation)'라는 증상적 개념이 생겼어요. 단어에서도 알 수 있듯 자해가 일종의 습관이 되어서 한번 시작하면 멈추기 어려운 거예요. 평온한 환경에서 살고 있는 듯한 아이들도 자해를 통해 자극을 느끼기도 합니다.

진료실에서 이들을 만나보면, 20대 초중반의 청년들은 고통을 서사적으로 말할 수 있어요. 반면 10대 중후반의 아이들은 자기 이야기를 하는 친구가 열 명 중에 한 명이 안 됩니다. 짜증 나고 화나고 멍하다는 식으로 추상적인 느낌에 불과한 이야기를 많이 하지요. 민감한 이야기지만, 저는 아이들이 자신을 '자해하는 사람'으로 설정하는 것에 염려가 있습니다. 흔히 '정병러'라고 말하기도 하지요. 그러면 많은 것들에서 예외가 될 수 있어요. 경쟁에서 벗어나 머물러 있어도 아프니까 양해받을 수 있어요. 집단 내의 의무를 가끔 지키지 않고 공부나 일을 등한시해도 가족이나 동료가 돌봐주고 참습니다.

물론 힘들어서 그러는 것은 분명하지만, 이런 포지셔닝이 반복적 자해나 우울에서 벗어나는 걸 힘들게 하는 요소로 작용할 때가 있어요. 우울에서 벗어나 인생의 단계를 밟아나가야 하는데 그럴 엄두를 못 내게 하거든요. 누군가는 쉬지 못하고 계속 뛰고, 누군가는 아예 튕겨 나와서 아픈 상태에 머무릅니다. 이 상황이 현재 극단화되고 있다는 느낌을 받고 있어요.

기호   말씀한 것처럼 '극단화'는 지금 시대를 읽는 중요한 키워드예요. 양극화라고도 하는데 중간이 없어졌습니다. 중간이 없어지니 협상과 타협을 통해 절충점을 찾는 것의 의미가 점점 없어지고 있어요. 삶의 중요한 기술 중 하나가 사람들 사이에서의 의견 조정인데, 극단화된 세상에서는 필요가 없어지지요.

  학생들이 어려워하는 것 중의 하나가 친구 관계입니다. 세상에 둘도 없이 친했는데 어느 날 갑자기 허무할 정도로 별일 아닌 것에 원수가 되거나 두 번 다시 쳐다보지 않는 사이가 되어버립니다. 그래서 아무리 친한 사이여도 나중에 적으로 돌변할 때 공격 무기가 될 이야기는 절대 하지 않는다고 해요.

  실제로 한 사례가 있습니다. 제가 가르치는 한 학생은 아버지가 돌아가셨는데 매우 친한 친구에게도 말을 안 했다고 하더군요. 왜 그랬냐고 물으니까 오히려 너무 이상하다는 듯이 저를 쳐다보더라고요. 지금은 친구가 위로를 건넬지도 모르지만 만약 사이가 틀어진다면 아버지가 돌아가신 이야기를 자기가 알리고 싶지 않은 사람에게도 할 거라고, 그런 리스크를 만들고 싶지 않다고

하더군요. 그렇게 관계가 갑자기 틀어진 경우를 자신은 많이
알고 있다고요.

지현   청년들이 관계를 쉽게 포기하는 원인 중 하나는 관계에
대한 비현실적인 기대가 아닐까 싶어요. 부모에게 일방적인
사랑을 받고 자라난 아이는 타인이 자신에게 관심이
없거나, 자신을 싫어할 수 있다는 것을 잘 받아들이지
못해요. 학교나 학원에서 만나는 친구들도 가족처럼 자기를
사랑해주기를 은연중에 바랍니다.
  하지만 인간관계가 어떻게 다 그럴 수 있겠어요?
작은 다툼이나 갈등에 큰 상처를 받고 바로 관계를
'손절'해버려요. 인터넷상에서 좋은 말만 해주는 사람에게
금방 빠져서 가스라이팅의 먹잇감이 되기도 하고요. 관계
맺기를 머리로만 알고 익숙하지 않으니 직접 누군가를 대할
때는 서툴기 짝이 없어요. 외로워하지만 사람을 만나려는
용기를 내지는 못하고, 상처받을까 봐 무서워서 혼자 지내는
경우가 많아요. 이렇게 점점 고립에 익숙해지고 오로지
SNS를 통해서만 세상과의 접점을 만들지요. 가치관이
왜곡되어서 극단적인 방향으로 발전하는 건 금방이겠지요.

기호   이런 극단화가 청소년들의 문제만은 아니잖아요.
지금 세계나 한국의 정치만을 보더라도 우리 편 아니면
적으로 완전히 극단화되어 있어요. 적이 하는 일은 무조건

잘못되었고 우리 편이 하는 일은 잘못된 면이 있더라도 충분히 이해 가능하다고 여깁니다. 우리 쪽 잘못을 지적하면 저쪽은 더 큰 잘못이 있는데 왜 우리만 가지고 난리를 치냐고 말합니다. 극단화와 피해의식이 결합되어 있는 것이지요.

이렇게 점점 극단만이 살아남는 이유에는 정보와 담론 생태계의 변화도 큰 몫을 차지하고 있어요. 지금은 인터넷과 유튜브, 그리고 SNS와 같은 곳에 수많은 이야기가 돌아다니고 있어요. 이 생태계를 지배하는 원리가 '주목'입니다. 주목을 받아야 존재하고, 주목을 받아야 돈을 법니다. '주목의 정치 경제'라고 할 수 있겠어요.

이 주목은 세계를 흥하게도 하지만 망하게 하는 원리가 되고 있습니다. 『내전은 어떻게 일어나는가』[18]라는 책에서 극단적 정치 담론이 유튜브를 중심으로 어떻게 사람들 사이를 파고들어 사회를 파국으로 몰아가는지에 대해 잘 분석하고 있어요. 민주주의가 불안정한 나라들뿐만 아니라 북유럽과 같은 탄탄한 민주주의 국가에서도 같은 일이 벌어지고 있습니다. 주목 경제 시대에 극단화를 통해서만 시장 형성이 되고 돈벌이가 되다 보니 점점 극단적인 것들만 살아남는 세계가 되고 있어요. 공론장에서도, 일상생활에서도 마찬가지예요. 전 세계적으로 중간 지점이 사라지고 있어요. 이런 담론들이 공부마저도 장악하고 있습니다.

이 극단성이 나오는 대표적인 영역이 종교예요. 한국의 개신교와 불교에서도 똑같이 나타나고 있는 현상인데, '신학을 경계하는 신앙'이라고도 표현할 수 있습니다. 개신교 신학교에서는 신학자들을 불온하다며 쫓아낼 때도 있어요. 신학이 믿음을 더 깊게 해주는 것이 아니라 믿음을 해체하고 방해한다고 노골적으로 이야기합니다.

학문이라는 것은 계속 따지고 질문하는 것이잖아요. 의심과 회의는 앎이 잘못되었을 수도, 한계가 있을 수도 있음을 전제로 합니다. 그런데 이 과정 자체가 신앙을 해친다고 보는 거예요. 이 또한 우리 사회의 공부가 처한 심각한 아이러니입니다. 선생님이 있는 의대에서도, 제가 있는 예대에서도 비슷한 현상이 일어나고 있어요. 자기가 규정하는 예술에 반하는, 그것보다 더 깊은 이야기가 나오면 일단 부정하고 봅니다. 자신의 믿음을 위협하고 깨버리려 하는 데 저항하는 겁니다.

지현 앞서 말한 부족주의적 세계관에서 보자면, '이렇게' 믿기로 부족원이 다 같이 합의를 본 것 같아요. 그 이상에 대해서는 더 얘기하지 말자는 거예요. 회의를 품는 순간 저 윗단부터 다시 단추를 채워야 하고, 그럼 빈틈이 생겨 무너질 가능성이 있기 때문에 피하고 싶은 겁니다. 그렇게 되면 명쾌하고 단순한 논리만 남게 됩니다. 문자 그대로만을 따르는 극단성을 띄게 되는 것이지요.

기호   그리고 또 하나, 한국 사회에서 공부의 진전이 안 되는 이유 중에 하나가 딱 개론에서 멈춰버려요. 개론은 굉장히 명확하잖아요. 그 이상으로 들어가려면 해체하고 의심하는 과정이 필요합니다. 물론 대중이 개론 이상까지 알 필요는 없다고 볼 수 있겠지만, 연구자들이라고 다르지 않아요. 그러니까 깊은 논의를 못 하고 공부가 진전하기 힘들지요. 이런 점에서도 한국은 굉장히 공부에 중독된 사회이자, 공부가 공부를 방해하는 사회예요.

   또 공부가 믿음의 카르텔을 만들었어요. 이게 곧 직역화되면서 공부를 방해하고 있어요. 이제는 공부를 더 하면 이단(Infidel)이 돼서 그 영역에서 쫓겨나요. 하지만 공부는 이단을 만드는 과정이기도 합니다. 공부가 깊어질수록 이단의 성격을 띨 수밖에 없어요. 그런데 우리는 조금만 반기를 들면 낙인을 찍고 쫓아내잖아요. 다시는 발을 못 붙이게 만들기도 하고요. 심지어 요즘은 믿음에 반기를 드는 정도가 아니라 표현만 다르게 써도 그렇게 하지요.

기호   요즘 동아시아 인문·사회과학계에서 '무지' 문제를 굉장히 많이 다룹니다. 일본에서는 벌써 '무지학'이라는 학문을 만들었더군요. "나는 내가 아무것도 모른다는 것을 안다"는 소크라테스의 가르침으로 다시 돌아간 거예요. 이것을 받아들여야 인간이 겸손해지고 자기 한계를 인정한다는 것이지요.

  공부가 기쁘기 위해서는 무지를 알게 되는 것이 기뻐야 해요. 그런데 지금 우리에게는 무지를 아는 게 너무 슬프고, 스트레스 받고, 부끄러운 일이 되어버렸어요. 너무 모르는 사람들은 알려 하지 않고, 조금 모르는 사람들은 무지를 들키고 싶어 하지 않아요. 저는 이게 공부를 망친 큰 이유라고 생각해요.

  모르는 걸 아는 것이 앎의 시작이에요. 제가 과거에 쓴 표현대로 한다면 학교는 모르는 자를 환대하는 곳이 되어야 해요. 더 정확히 말하자면 모르는 자가 용기 내는 것을 환대하는 곳이 되어야 해요. 이 부족화된 세상에서 모르는 걸 모른다고 드러낼 용기를 내게 하는 것, 우리가

공부는 언제 충분해지는가

사실은 다 모른다는 사실을 드러낼 수 있게 하는 것이 가장 중요하다고 생각해요.

지현   그런 의미에서 시험에서 만점을 받는 게 그리 좋은 일이 아닐지도 몰라요. 이상적인 의미에서 우리에게 시험이 필요한 이유는 무엇을 모르는지 알기 위해서입니다. 하지만 이런 걸 지금 학생들이 받아들이기 쉽지 않지요. 지금 같은 구조에서는 틀린 건 틀린 것일 뿐이고 자신이 뒤떨어진다고 생각할 수밖에 없어요.

  그리고 우리는 아는 것과 이해하는 것을 구분할 필요가 있습니다. 인공지능이 보편화된 지금은 더욱이 정보를 많이 아는 것에서 나아가 정보를 어떻게 이해하는지, 맥락을 어떻게 파악하는지가 더 중요합니다. 이를 점검하고 알아가는 과정이 공부예요. 밑도 끝도 없이 즐거울 수 있어요.

기호   영성수련가인 조영훈 선생은 공부가 밑도 끝도 없어서 위대하다고 합니다. 필멸자인 '나'는 위대해질 수 없지만, 밑도 끝도 없는 공부의 과정에 동참하면서 그 위대함을 나눠 받을 수 있는 존재라고요. 이를 통해 인간은 자신이 얼마나 보잘것없는 존재인지 깨닫는 동시에 신비롭고 위대한 과정에 동참하는 기쁨을 느낄 수 있어요. 하지만 지금은 결론이 없으면 움직이지 않으려 하는 경향이 강합니다. 끝이

있어야만 움직이고, 끝이 있어야만 의미가 있다는 생각이
팽배해 있어요.

다시 한번 말하지만 공부가 공부를 배신했어요. "거인의
어깨 위에 올라선 난쟁이는 거인보다 더 멀리 본다"는
근대의 가장 중요한 원칙을 함축한 문장입니다. 그런데 자꾸
자아에만 몰두해서 자기가 난쟁이라는 것만 보이니 더 멀리
보지 못하고 초라하고 슬퍼지는 거예요. 어떻게 보면 한국은
한 번도 근대였던 적이 없어요.

흐름을 찾는 공부

기호

성공과 성장을 분리해서 보자면 백 점 맞는 걸 성공이라고
할 수 있어요. 그래서 대치동 학원가에서 일찍부터 성공하는
주체를 만들려는 거고요. 성공으로부터 일종의 '쾌락'을
느낄 수 있다면, 마음 공부 하는 분들은 인간이 성장하는
데서 '행복'을 느낄 수 있다고 말씀하더라고요. 저는 이걸
'기쁨'이라고 말해요. 정신의학에서 좀 더 정교한 개념을 쓸
것 같은데, 이걸 구분하는 용어가 있나요?

지현

글쎄요. 결국 현상적인 측면에서 보면 둘 다 뇌에서
도파민이 터진달까요. 보상을 경험해서 더 하고 싶어지는
걸 쾌락이라고 하기도 하고, 만족이라고도 할 수 있고요.

▎ 재미있으니까 도파민도 나오면서 더 하고 싶어지지요.

기호   저는 학생들을 가르치면서 기쁨이라는 말을 좀 더 의미 있게 받아들이게 되었어요. 그리스도교에서는 기쁨을 매우 중요하게 생각합니다. 항상 '기뻐하라(rejoice)'고 말하거든요. 이 기쁨은 하느님, 즉 진리와 합일된 상태에서 느끼는 기쁨입니다. 어떤 성공에 따른 일시적인 보상에서 느끼는 기쁨과는 아주 다르지요. 외부가 아니라 내면으로부터 오는 기쁨이에요. 약간 신비주의적으로 말하자면 내면에서 근원적인 진리와 합일된 상태를 가리켜요. 이런 의미의 기쁨에 이르는 과정을 성장이라고 할 수 있어요.

이런 점에서 성장은 기본적으로 고통을 수반합니다. 앞서 말했듯이 성장하기 위해서 상실이 필요하고, 그 과정에서 많은 고난을 겪어야 해요. 그래서 기쁨, 내지는 행복이 고통과 결합되어 찾아온다고 말하지요.

학생들을 보고 있으면 공부 자체로부터 오는 기쁨을 잘 느끼지 못해요. 공부 자체로부터 오는 기쁨을 느끼기 위해서는 흐름, 과정이라는 게 필수적입니다. 그래서 공부를 할 때는 흐름을 타는 데서 오는 어려움들을 감수할 수밖에 없어요. 그런데 지금 사람들은 공부를 성공하고만 결합해서 결과를 만들어내야 하고, 결과를 통해서 보상을 받아야 한다고 믿어요. 보상 없이는 전혀 만족하지 못합니다. 손에 쥐이는 보상만을 생각하다 보니 레벨 업이 되는 결과물이 생기지 않으면 보상을 받지 못했다고 여기고요. 많은 학생들이 과정 속에 있는 즐거움을 좀체 느끼지 못해요. 느끼다가도 금방 사라집니다.

    최근에 있었던 일인데요. 제 수업에서 학생 일곱 명이 과제를 해 왔는데 일곱 개가 다 좋았어요. 그런데 제가 수업 시간에 일곱 개를 다 소개하면서 심층적인 의미까지 봐주기가 어려웠어요. 하나를 가지고 이야기하는 데도 한 시간이 지나더군요. 잘하고 못하고의 이야기가 아니라, 이 안에 당신이 한 것보다 얼마나 더 깊은 이야기가 있을 수 있는지, 얼마나 더 깊은 이치나 원리를 발견할 수 있는지 이야기했어요. 진도도 나가야 하니까 하나밖에 못 했어요. 나머지는 못했다는 의미가 아니라고도 이야기했단 말이지요. 그래도 꼭 학생들이 저를 찾아와요. 왜 자기 것은 이야기하지 않느냐, 혹시 문제가 있느냐, 자기가 못 썼다는 거냐고 물어요. 항의는 하지 않지만 실망합니다.

    이 사례에서도 알 수 있듯 타인의 것에 이미 내 것이, 내 이야기가 들어 있다고 생각하지 못해요. 이건 학생들 개인의 문제라기보다 경험이 부족해서예요. 개별적인 것을 다루지만 그 개별적인 것이 모두의 것을 다루고 있다고 느낀 경험이 부족하기 때문이에요. 함께하며 합일하는 경험이, 개별 사례로 보편적인 것을 다루어본 적이 없어요. 그러다 보니 모든 것을 개별적인 피드백으로만 여깁니다. 그렇게 개별화된 배움에 익숙해진 것이지요.

그래서 제가 앞서 말했듯이 아무리 과정 속에서 느끼는 기쁨이 중요하더라도, 실상 우리가 가진 기본값은 그렇지 않아요. 성공이 중요합니다. 학생 생각에 수업에서의 성공은 수업 시간에 자신의 과제가 소개되는 거예요. 그렇지 않으면 실패예요. 결국 무엇인가가 부족했으니까 수업 시간에 예시로 들지 않은 것 아니냐고 반문합니다. 아무리 그 수업을 재미있게 듣고 공부의 기쁨을 느꼈다 해도 성공의 관점에서 자신을 실패한 사람으로 인식하는 거예요.

지현 그 친구는 수업에 거는 기대가 많았고 굉장히 몰두했겠지요. 선생님도 자신의 과제를 나쁘게 보지는 않은 것 같은데, 무슨 이유인지 수업에서 언급이 되지 않는다면 실망이 크겠어요. 도대체 자기 과제에 무슨 문제가 있는지, 선생님이 언급을 안 하는 데에 무슨 이유가 있는지 스스로 납득하고 싶었을 거예요.

기호 설명한다고 해도 납득이 되지 않아 안타까워요. 너무 오랫동안 학습된 결과입니다. 저는 사실 한 학생의 작품을 통해서 다른 학생들의 과제도 계속 언급해요. 이런 점은 다른 누구도 과제에서 잘했다, 또 다른 누군가의 과제에서 나타나고 있다 등등이요. 그럼에도 불구하고 그런 언급은 부수적인 것에 불과하다고 생각하는 것 같아요. 메인 메뉴는 수업에서 소개되는 학생의 과제라고 생각합니다. 그래서 이런 실망을 피하는 가장 좋은 방법은 최대한 두루두루 많은 학생들의 작품을 거론하는 거예요.

학생들이 이렇게 된 것의 핵심에 평가 체계가 있어요. 아무리 과정과 흐름 속에서의 기쁨을 느끼려고 해도 이 평가 체계 안에서는 불가능합니다. 단적인 예시지만, 이런 이유로 어떤 고등학교에서는 선생님들이 어떤 학생의 과제도 거론하지 않는다고 해요. 그게 가장 공정하기 때문에요. 그래서 공부가 망하는 겁니다. 지금 한국 교육부는 학교 시스템과 선생 모두에게 수업의 자율성을 보장하지 않아요. 그래서 학교는 그 학교만의 향기, 그러니까 학풍을 가질 수 없고 교사나 교수는 규격화된 수업에서 벗어나 자기만의 색깔을 띤 수업을 할 수 없습니다. 물론 이게 자기 입맛대로 해도 된다는 말은 전혀 아니고요.

교토대의 학풍은 '자유'예요. 시험도 보지 않지요. 출석도 안 부르고 수업에 안 들어와도 된대요. 기말에 해당 학기의 수업을 하는 목적과 취지에 부합하는 과제를 내고 그걸로만 평가해요. 그래서 교토대에 유학 간 한국 학생들이 적응을 하는 데 시간이 걸린다고 하더군요. 아무래도 수업을 열심히 들었는데 수업도 잘 안 들은 학생보다 낮은 점수를 받는 걸 이해하기 힘들겠지요. 나중에는 한국 유학생들도 받아들인대요. 그런데 한국에서는 이런 식으로 수업을 할 수 없어요. 난리가 나니까요. 한국 대학은 규격화된 시스템을 충실히 따라야 합니다. 이는 대학 당국의 요구만이 아니고 학생들 역시 그런 방식을 바라는 경우가 많아요.

지현 우리가 지금까지 이야기했듯이 이런 공부의 시스템에 장점이 분명히 있지만 이제는 단점이 더 많이 보입니다. 모든 사람이 같은 공부를 하고, 일제히 시험을 보고 평가를 받으면 평균값은 상승하겠으나 결과적으로 고만고만한 균질 집단이 양산됩니다. 그렇지만 앞으로의 세상에서 이런 방식의 교육이 얼마나 효과적일까요? 개인의 개성과 창의성을 찾는 게 더 중요해질 텐데, 그러기 위해서는 학교 시스템의 변화가 반드시 필요해요. 지금처럼 커리큘럼을 잘 이행했는지 평가하는 내신 시험이나, 전국 단위의 대규모 시험으로는 미흡합니다. 여전히 우리는 근대적 시스템에 머무르면서 학생부 종합 평가를 믿을 수 없다고, 수능 같은 대규모 객관식 시험이 가장 공정하다고 보고 있어요.

삶의 주도성 되찾기

지현 공부가 꼭 즐겁고 기쁘지는 않더라도 재미를 느끼려면 이치를 깨닫는 게 중요하다는 걸 알았으면 좋겠어요. 그저 정보를 축적하는 게 아니라 어떤 원리를 깨달아서 전체가 움직이는 방식을 이해하는 걸 깨달음이라고 하셨잖아요.

공부라면 하나의 지식 체계가 생긴다고 할 수 있고, 일이라면 업력이 생긴다고도 말할 수 있겠어요. 이를 통해 심리적으로 우리는 자기 확신감과 효능감을 얻을 수 있어요.

어떤 것은 어렵지 않게 얻는 반면 어떤 건 꽤 긴 시간을 삽질하고 있다는 느낌을 계속 받다가 어느 순간 딱 보이거든요. '아하! 효과'라고도 하지요. 그래서 당장 성과가 없더라도 계속하는 게 중요해요. 자기 효능감을 얻기까지 끈기 있게 버틸 수 있는 동력은 그 사람이 가진 자존감이에요.

자존감은 원인이 아니라 과정이에요. 처음부터 자존감 높게 태어나는 사람이 있는 게 아니라 작은 성취들이 쌓이면서 만들어집니다. 그 자존감이 스스로를 지킬 수 있어요. 무언가 해내고 온전히 내 것으로 받아들이며 앞으로 나아가게 하는 원동력이 될 수 있어요. 지금 학교에서 받는 성적 내지는 평가 점수가 나를 구성하고 판단하는 유일한 기준이 아니라는 걸 알아야 해요. 그래서 저는 자존감이 지금의 공부에서 필요한 첫 번째 키워드 같아요.

두 번째 키워드는 호기심이에요. 공부는 결국 호기심 속에서 계속되기 때문에 내재적 동기 부여를 기꺼이 받아들이고, 호기심을 갖는 것을 엉뚱하다거나 내지는 시간 낭비라고 생각하지 않아야 해요. 호기심은 사람을 성장하게 합니다. 끝없이 앞으로 공부를 해나가고, 자기만의 공부를 만들 수 있게 해요.

세 번째는 뭐라도 되고 있겠지, 라고 나를 믿는 마음을 가졌으면 해요. 거기에서 "보이지 않는 축적의 힘"이 생깁니다. 소리꾼 이자람 작가의 에세이『오늘도 자람』[19]에서 가져온 말인데요, 경지에 이른 소리꾼도 여전히 연습을 해요. 지겹고 하기 싫은 날도 있지만 보이지 않는 축적의 힘이 자신을 단단하게 만들어줄 것이고, 위기에 흔들리지 않게 해준다는 마음으로 그냥 연습을 한대요. 공부를 하는 마음가짐도 마찬가지여야 해요.

마지막으로 물론 지적 포만감에서 얻는 즐거움도 있지만, 여전히 나는 잘 모르고, 앞으로도 모를 수 있다는 마음 또한 놓치지 않아야 합니다. 세상은 내가 그려보는 것보다 훨씬 넓고, 깊고, 알 수 없는 곳이라는 걸 잊지 않는 마음이요. 그게 경지에 다다른 다음에도 공부를 계속하게 하는 동기가 됩니다.

기호

선생님이 말씀한 자발성이라는 것, 조금 다른 말로 표현하면 삶의 주도성이라고 이야기할 수 있을 것 같아요. 떠밀려서 하는 게 아니라 의미와 가치를 스스로 발견할 때 삶의 주도성이 회복되었다고 말할 수 있겠지요.

주도성을 가지기 위해서는 두 가지가 다 필요한데, 하나는 앞서 말했듯이 메타적인 관점에서 자기를 바라볼 줄 알아야 하고, 다른 하나는 흐름을 타야 해요. 하지만 우리는 흐름을 타야 할 때는 흐름을 끊어버리고, 메타적으로 바라봐야 할 때는 사소한 자구(字句)들을 가지고 씨름하지요.

　흐름을 타고 있으면 고통스러워도 견딜 수 있어요. 소설을 읽는 것도 마찬가지잖아요. 『카리마조프가의 형제들』을 보면 얼마나 재미없어요. 지루하고요. 그런데 흐름을 타면 재미없는데도 정말 재밌거든요. 지겨운데 재밌어요. 고통스러운데 기쁨이 찾아와요. 그래서 저는 흐름을 타고 흘러갈 수 있는 역량을 키우는 게 중요하다고 생각해요. 그러다가 흐름을 가끔 끊어내고 위에서 조망하는 작업도 자연스럽게 일어나야 해요. 그런데 한국의 교육은 자꾸만 성공인지 아닌지, 성과가 있는지 없는지를 논하며 흐름을 자꾸 끊어냅니다. 이걸 어떻게 극복할지에 대한 이야기가 정말 중요한 것 같아요.

　지금은 성과를 내기 위해 주어지는 시간이 너무 짧아요. 한 학기에서도 중간고사, 기말고사부터 작은 시험 들까지 학생들이 챙겨야 할 것이 아주 많아요. 한국의 평가 시스템은 과제의 점수 배분에만 집중합니다. 그 바람에 공부의 흐름이 끊어지기도 합니다. 학기 초에는 배움에 열정적이던 학생이라도 학기 중반이 넘어가면 평가와 점수에 신경을 쓰지 않을 수 없어요. 그러면 배움이 아니라 높은 평가 점수에 집중하게 됩니다. 그만큼 선생은 가르침이 아니라 시비가 걸리지 않는 문제를 출제하는 데 더 공을 들이게 되고 이렇게 공부의 흐름이 끊어지는 겁니다.

　평가의 지표가 배움의 흐름을 방해하는 대표적인

사례로는 수업 계획서가 있어요. 수업 평가 항목을 보면 계획서대로 수업이 진행되었는지 보는 대목이 있어요. 큰 틀에서 수업 계획서가 잘 구조화되었다면 수업도 그 흐름을 따라가겠지요. 그런데 학기마다 학생들은 바뀝니다. 알고 있는 것도, 알고 싶은 것도, 이해의 정도도 해마다 달라져요. 그런 만큼 수업의 흐름은 학생들과의 호흡에 맞추어 재구성될 수밖에 없어요. 때로는 과감한 변화도 필요합니다. 공부는 가르치는 사람과 배우는 사람의 상호 작용이니까요. 그런데 수업 계획서대로 수업했는지 평가하는 항목은 가르치는 사람을 주저하게 만듭니다. 수업 계획서를 기계적으로 따르게 하면서 흐름의 유연성을 방해하니까요.

선생이 이에 저항하기 위해서는 용기가 필요합니다. 제도와 부딪치는 문제이기에 여간해서는 내기 힘든 용기예요. 학생뿐만 아니라 선생 역시 평가에 의해 운명이 결정되니까요. 특히 시간강사는 다음 학기에 수업을 할 수 있는지의 여부까지 결정됩니다. 그래서 가르치는 사람은 가르침과 배움의 흐름을 지키려는 용기를 내기가 힘들어요. 이 때문에 용기 내 자신의 교실을 지키는 분들이 비슷하게 하는 말이 있어요. "이번 학기가 마지막 학기라는 생각으로 가르친다"고요. "이 정도 마음가짐이 없으면 눈치를 보게 된다"고요. 제도의 눈치와 학생의 눈치를요.

제도는 앞서 이야기했으니 학생의 눈치를 말해볼까요? 학생의 눈치를 보지 않고 하고 싶은 대로만 하는 교육도 문제입니다다만, 학생들의 선호도를 지나치게 의식하는 '서비스'로써의 교육도 문제예요. 사실 교육은 가르치는 자의 비전과 배우는 자의 욕망의 대결이기도 합니다. 가르치는 자는 지금 당장 필요하지 않더라도 긴 안목에서 필요하다고 생각하는 내용을 비전을 가지고 가르치고 싶어 합니다. 그러나 배우는 자는 지금 당장 손에 쥐이는 것을 선호해요. 이 배우는 자의 욕망과 대결하여 비전을 보게 하는 것이 가르치는 자의 가장 중요한 도전이에요. 배우는 자의 욕망에 영합하려 하지 않는 데도 용기가 필요하겠지요. 자칫하면 가혹한 평가를 받을 수 있으니까요. 제도의 욕망과 학생의 욕망, 이 둘과 부딪치는 일은 결코 쉽지 않습니다.

다음 10년의 시작을 위해

지현

10년 전 엄기호 선생과 나는 『공부 중독』을 펴내며, 우리는 사회 구성원이 공부가 모든 문제를 해결하는 만능열쇠라고 믿고 있다고 분석했다. 오직 공부를 통해 성공한 사람은 자신의 지위를 유지하기 위해 자녀 역시 똑같은 공부의 쳇바퀴에 올려놓았다. 우수한 학력을 얻기 위해 가족 모두가 공부에 매진하고 나머지 모든 것을 희생하는 데에 누구도 토를 달아서는 안 되었다. 덕분에 한국은 꽤 잘사는 나라가 되었고 많은 이들이 중산층에 진입할 수 있었지만, 풍요로워진 사회에서 행복과 평온함을 경험하는 개인은 거꾸로 드물어졌다. 공부가 만능열쇠처럼 사회와 삶의 모든 자물쇠를 풀어야 한다고, 그게 가장 정당하고 공정하다고 믿었지만 아니었던 것이다. 게다가 더는 그 열쇠가 들어맞지 않는 세상이 되었다.

10년 만에 다시 엄기호 선생과 만났다. 이제는 공부가 만능열쇠가 아니기에, 나는 한국 사회의 공부 문제가 천지개벽 수준까지는 아닐지라도 조금이라도 좋은 방향으로 나아져 있기를 바랐다. 다섯 번의 대담을 마친 마음은 여전히 답답하다. 아니, 더 무거워졌다. 중독이 아니라 '망상'이라는 더 무시무시한 이름을 공부 앞에 붙이고 만 것이다. 공부에 중독된 사람들은 이제 중독된 사실조차 인식하지 못하고 있다.

 우리 사회의 공부 문제는 중독에서 벗어나 '망상'의 수준으로 발전했다. '내가 문제가 있구나, 그러니 벗어나야지'라는 개인적인 조절의 문제라기보다 '도저히 흔들 수 없는 굳은 믿음'의 형태로 사회 곳곳에 깊숙하게 침투해 있는 현상이 눈에 띄게 보였다. 인간은 불안과 공포를 안은 채 지내는 것을 싫어한다. 애매하고 모호하고 흔들리는 상태에 있는 것보다 옳고 그르건 상관없이 분명하고 확실한 것을 선택한다. 특히 경쟁이 심해질수록 확실한 것을 원하고, 떨려 나갈까 두려운 마음은 더 강력해진다. 그렇게 공부에 대한 그릇된 믿음은 이제 신념의 수준을 넘어서 사고 전반의 기본 가치관으로 자리 잡았다.

공부의 힘이 워낙 강하고 뿌리가 깊다 보니 꼭 대학 입학을 중심으로 한 교육과 입시 체제에만 국한되지 않고 그 영향력이 사회 전체로 퍼진 징후들이 여럿 보였다. 어떨 때에는 종교 수준이 아닐까 싶었다. 수천 년 전 종교는 알 수 없는 자연현상을 신의 심판으로, 사람들의 흔들리는 마음과 좌절을 신에 대한 믿음으로 치환하여 삶의 방향을 제시하고 명료하게 만들어 불안을 줄여주었다. 지금 한국에서는 그 역할을 공부와 관련한 담론이 대신하고 있다. 종교가 힘을 잃은 한국 사회에서 공부가 가치관의 거대한 한 기둥이 된 것이다. 어릴 때 가진 종교가 성인기 가치관의 중심이 되듯, 공부는 한국 사회 중심축이 된 세대의 사고관에도 단단히 뿌리를 내렸다.

이번 대담에서 주목한 것은 아이들의 공부 문제뿐만 아니라 '공부를 잘해서 성장한 어른들'의 '문제적 공부'였다. 공부의 세례를 받고 그 파장 안에서 삶의 가장 중요한 시기를 보낸 이들이 어느덧 중장년층이 되어 사회의 중추에 자리를 잡고 있다. 이들에게 공부의 세계관은 마음의 작동 시스템의 기본 틀로 작동하고 있다. 정답만을 원하는 0과 1의 사고, 능력주의와 깊고 좁은 전문성에 대한 추구에서 비롯된 세상 전반에 대한 얕은 이해가 이른바 '유능한 무능력자'들을 양산한 것이다. 그리고 이들이 모여서 각자의 성을 쌓으면서 자기들만의 리그를 만들고 있다. 2천 년 전의 사람들이 민족을 기반으로 부족을 이루고 멀찍이 떨어진 채 지냈다면, 현대 사회는 각 분야의 전문가들이 부족을 이루며 기득권을 지키려 안간힘을 쓰는 형국이다. 10년 전 우리가 『공부 중독』을 낼 때는 그래도 '이건 아닌데'라는 회의나 의심이 있었다면, 지금은 누가 이기고 지는가, 갖고 있는 것을 어떻게 지킬 것인가, 우리 편인가, 아닌가의 문제가 중요해지면서 가지고 있는 생각의 틀을 더 굳건히 하는 방향으로 나아가고 있다. 결국 정신과 의사로서 가급적 차용하고 싶지 않았던 단어 '망상'을 가져올 수밖에 없던 것이다.

영화 〈매트릭스〉에서 모피어스는 네오에게 말한다. "파란 약을 먹으면 여기서 끝난다. 침대에서 깨어나 네가 믿고 싶은 걸 믿게 돼. 빨간 약을 먹으면 이상한 나라에 남아 끝까지 가게 된다." 네오는 빨간 약을 선택했고 소용돌이로 들어가지만 세상을 구원할 수 있었다. 더 이상 평온한 세상에 머무를 수는 없었지만.

   파란 약은 현실을 회피하고 편안한 환상의 세계에 머무를 수 있게 한다. 평범한 삶을 살아갈 수 있다. 빨간 약을 먹고 매트릭스에서 벗어나 진짜 현실을 직시하기 위해서는 엄청난 용기가 필요하다. 대부분은 원치 않게 튕겨 나가서 비자발적으로 어쩔 수 없이 빨간 약을 입에 넣게 될 때가 더 많다. 우리는 매일 파란 약을 입에 넣어 삼키면서 공부가 만든 세상에서 살아가고 있다. 이 망상에서 벗어나기 위해 우리에게 지금 필요한 것은 빨간 약이 아닐까? 큰 고통이 다가오더라도 말이다.

   망상에서 벗어나기 위해서는 괴로운 현실을, 그리고 사회 전체에 오염처럼 퍼져 있는 공부에 대한 잘못된 믿음을 직시하는 것이 우선이다. 다시금 본질로 돌아갔으면 한다. 진짜 공부는 무엇일까. 공부가 우리에게 주려는 것은, 또 우리가 공부로 얻을 수 있는 것은 무엇일까. 나는 공부가 지위와 안전만이 아니라 '아하'라는 만족감을 주는 재미있는 행위였으면 한다. 점수와 합격으로 인정받는 외적 보상이 아닌, 지적 탐구와 깨달음의 과정에서 얻는 내적 보상에 마음을 기울일 수 있으면 한다. 그렇게 익힌 것들은 자아를 튼튼하게 하고 쉽게 무너지거나 흔들리지 않는 내공이 된다. 누가 시키지 않아도 혼자 공부하고, 멈추지 않을 수 있다. 어떤 일을 만나건 어떻게든 해낼 수 있다는 낙관적 기대는 이런 과정을 통해서만 얻을 수 있다.

공부는 죽을 때까지 살아 있는 한 계속하는 것이다. 끝없는 호기심이 필요하고, 보이지 않는 축적이 이루어지고 있다는 믿음도 함께 있어야 한다. 지금 뭐라도 되어가고 있고 어느새 꽤 단단해진다는 걸 언젠가 깨달으리라 믿어야 한다. 의식하지 못한 사이에 사고 시스템의 핵심에 자리 잡은 공부 담론을 한 번에 부정하고 곧바로 벗어나기란 어렵다. 이 담론이 이미 촘촘하고 단단하게 개인과 사회 전체에 뿌리내리고 있기 때문이다. 그렇지만 문제를 인식하고 이해하고 조금씩 변화하려는 노력이 필요하다. 방향성이 중요하기 때문이다. 다음 10년의 시작을 위해.

10년 후에 우리가 다시 만나서 대담을 나눈다면, 그때 책의 제목이 무엇일까 생각해보았다. '공부 성장', '공부 평화'? 여러분이 기대하는 10년 후 공부의 세상은 어떨지 한번 그려보시기를 바란다.

1. Filby, Eliza, *Inheritocracy: It's Time to Talk About the Bank of Mum and Dad*, Biteback Publishing, 2025.
2. 문호진·단요, 『수능 해킹: 사교육의 기술자들』, 창비, 2024.
3. Baweja, B., Donovan, P., Haefele, M., Siddiqi, L., Smiles, S., *Extreme automation and connectivity*, UBS White Paper for the World Economic Forum Annual Meeting, 2016.
4. 한나 아렌트, 『예루살렘의 아이히만』, 김선욱 옮김, 한길사, 2006.
5. 지그문트 바우만, 『유동하는 공포』, 함규진 옮김, 산책자, 2009.
6. 무라카미 하루키·가와이 하야오, 『하루키, 하야오를 만나러 가다』, 고은진 옮김, 문학사상사, 2018.
7. 김희경, 『이상한 정상가족: 자율적 개인과 열린 공동체를 그리며』, 동아시아, 2017.
8. 매리언 울프, 『다시, 책으로: 순간접속의 시대에 책을 읽는다는 것』, 전병근 옮김, 어크로스, 2019.
9. 한국장학재단, '국가우수장학금 수혜 현황', 2025.
10. 브뤼노 라투르, 『존재양식의 탐구: 근대인의 인류학』, 황장진 옮김, 사월의책, 2023.
11. 한국갤럽조사연구소, '한국인의 종교 1984-2021 현황', 2021.
12. 게랄트 휘터, 『존엄하게 산다는 것: 모멸의 시대를 건너는 인간다운 삶의 원칙』, 박여명 옮김, 인플루엔셜, 2019.
13. 발터 벤야민, 『역사의 개념에 대하여 / 폭력비판을 위하여 / 초현실주의 외』, 최성만 옮김, 길, 2008.
14. 김경일·류한욱, 『적절한 좌절』, 저녁달, 2025.
15. 로버트 D. 퍼트넘, 『우리 아이들: 빈부격차는 어떻게 미래 세대를 파괴하는가』, 정태식 옮김, 페이퍼로드, 2017.
16. 김찬호, 『모멸감』, 유주환 작곡, 문학과지성사, 2014.
17. 안혜정·조성호·이광형, 『실패 빼앗는 사회: 카이스트 실패연구소의 한국 사회 실패 탐구 보고서』, 위즈덤하우스, 2025.
18. 바버라 F. 월터, 『내전은 어떻게 일어나는가: 아노크라시, 민주주의 국가의 위기』, 유강은 옮김, 열린책들, 2025.
19. 이자람, 『오늘도 자람』, 창비, 2022.

공부 망상

초판 1쇄 2025년 12월 10일

지은이 엄기호, 하지현
펴낸이 이재현
편집 곽성하
디자인 동신사
제작 세걸음

펴낸곳 녹스
출판등록 제2025-000066호
주소 경기도 파주시 돌곶이길 180-38 1층
전화 031.942.5635
팩스 031.935.0535
이메일 nox.et.libro@gmail.com
인스타그램 nox.et.libro

ⓒ 엄기호·하지현 2025

ISBN 979-11-994058-3-7 03300

이 책의 일부 또는 전부를 사용하려면
반드시 저작권자와 출판사 양측의 동의를 얻어야 합니다.